불타는 교회 이야기

| 강신정 지음 |

쿰란출판사

서문

강물처럼 흐른 은혜

내 인생을 가만히 들여다보면 마치 흐르는 강물처럼 쉼 없이 흘러왔다는 생각이 든다. 어린 시절 기억은 맑고 투명하게 졸졸 흐르는 시냇물이라면, 청년 시절은 거세게 휘몰아치며 돌진하는 급류 같았다. 때로는 깊고 어두운 골짜기를 지나야 했고, 어디로 가야 할지 몰라 굽이치는 강물처럼 방황하기도 했다. 그런데 어느 순간, 그 끝없는 흐름 속에 있던 나는 혼자가 아니라는 것을 알게 되었다.

언제나 나와 함께하셨던 하나님, 그분께서 내 인생의 흐름을 돌려놓으시고 전혀 생각하지 못했던 새로운 길을 열어 주셨다.

어린 시절, 나는 꿈을 향해 달리는 소년이었다. 세상이 줄 것만 같았던, 손에 잡힐 듯했던 미래를 기대하며 열심히 살았다.

하지만 멈춰진 꿈과 두 갈래 길 앞에 서야 했던 순간, 하나님은 나를 붙들어 주셨다. 내가 꿈을 놓아버린 순간에도 하나님은 나를 놓지 않으셨고, 그 손길은 결국 기도로 나를 이끄셨다.

사명이란 아주 작은 움이 트는 씨앗과 같았다. 군 생활 중 특별히 손에 쥐게 된 건빵 한 봉지로 주일학교는 작은 기적처럼 시작되었다. 그것은 꿈에서도 상상하지 못했던 하나님의 놀라운 섭리였다. 미미했던 한 번의 순종은 크고 위대한 비전으로 자라났고, 나는 그 길 위에서 평생 함께할 믿음의 동반자를 만나 손을 맞잡고 사역의 여정을 걸어가기 시작했다.

그 이후로도 나는 수많은 도전과 시련 속에서 하나님께서 나를 거침없이 이끄시는 것을 분명히 경험했다. 천막 교회에서 작은 사역이 시작되어 조립식 건물을 거쳐 점점 견고하고 든든한 교회로 자라나는 동안, 하나님은 언제나 나보다 앞서 일하고 계셨다. 때로는 불타버린 교회를 바라보며 무릎을 꿇고 통곡해야 했고, 끝이 보이지 않는 광야의 시간도 견뎌야 했지만, 하나님은 내가 심은 것에 비해 상상할 수도 없는 풍성한 열매를 거두게 하셨고, 때를 따라 돕는 손길로 나를 견고하게 이끌어 주셨다.

이 책은 내 삶의 고백이자, 하나님의 은혜가 흐르는 강물처럼 쉼 없이 내 인생을 끊임없이 적셔왔다는 증언이다. 이 길은 결코 내가 설계하거나 만든 길이 아니었다. 하나님께서 나를 먼저 부르셨고, 언제나 곁에 계셨으며, 앞서서 걸음을 이끌어 주셨다. 이제 나는 다음 세대를 향해 기도의 씨앗을 심는다. 주님의 사역이 나에게서 멈추지 않고, 다음 세대 속에도 계속해서 이어지기를 간절히 소망하며 기도한다.

삶의 모든 순간, 하나님은 나와 함께 계셨다. 이 책을 들고 있는 소중한 당신도 그 사실을 알게 되기를, 지금 이 순간에도 하나님께서 당신과 함께하고 계심을 깊이 깨닫기를 진심으로 기도한다.

2025년 11월

강신정

목차

2부_ 재 위에 피어난 기도

3부_ 기도의 꽃이 활짝 피다

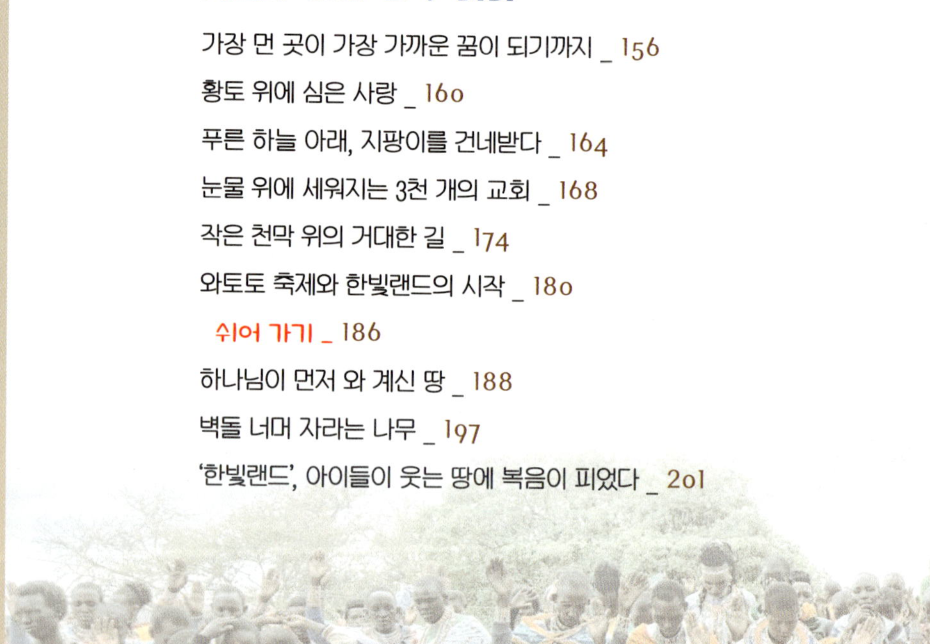

1부

냉이꽃 피던 겨울,
하나님이 내게 말을 거셨다

그 겨울,
냉이보다 더 깊은 사랑

충청남도 홍성군 결성면 형산리.

이른 아침, 산 너머에서 불어오는 느릿한 바람이 이마를 스치며 나의 하루는 시작되었다. 푸르른 산줄기들은 어머니의 너른 품처럼 마을을 포근히 감싸안고 있었고, 그 품 안에서 나는 자라났다. 나는 어머니 최명순, 아버지 강재덕 사이에서 태어났고 아홉 남매 중 여섯째였다.

마을은 크지 않았다. 30여 가구가 듬성듬성 모여 있었고, 집들 사이로 흐르는 작은 시냇물은 마을의 젖줄이었다. 그 물줄기는 논과 밭을 적시며 생명을 품었고, 어린 시절 놀이터가 되어 주었다.

나는 시냇가에서 자주 뛰어놀았다. 맨발로 모래를 밟고 달리며, 바람과 햇살과 흙냄새를 온몸으로 느꼈던 순간들이 지금도 생생하다. 발밑을 간질이던 시냇물의 서늘한 감촉은, 세월이 흘러도 지워지지 않는 기억으로 가슴속에 또렷이 남아 있다.

마을 사람들의 삶은 마치 논두렁을 따라 흐르는 물길처럼 한결같고 소박했다. 봄이 오면 묵은 밭을 갈아엎고 씨앗을 뿌렸으며, 여름이면 뜨거운 땀을 흘리며 논과 밭을 돌보았다. 가을이 되면 거둬들인 곡식에 감사했고, 겨울이 오면 들일을 멈추고 이듬해 봄을 위한 준비와 함께 잠시 숨을 고르곤 했다. 계절은 바뀌었지만 사람들의 삶은 늘 그 자리에 머물러 있었다.

그런 마을에도 종종 비일상적인 일이 찾아오곤 했다. 굿이었다. 해마다 어김없이 무당들이 마을로 들어왔고, 그들은 북을 치고 장구를 두드리며 신을 불러 세웠다. 무당들의 눈빛에는 형언할 수 없는 기운이 서려 있었고, 어린 내게 낯익으면서도 어딘가 모르게 오싹함을 안겨주었다. 굿판에서 울려 퍼지던 소리들은 마을 전체를 뒤덮고, 보이지 않는 존재가 우리 곁에 내려앉은 듯한 분위기를 연출했다.

그러나 그때는 그 모든 것이 지극히 자연스러운 일인 줄 알았다. 마을 사람들은 유교의 제사와 불교의 기도, 샤머니즘의 굿을 거리낌 없이 삶 속에 녹여 살았고, 나 역시 그 문화의 한복판에 놓여 있었다. 우리 집도 예외는 아니었다. 때로 조상을 위해 제사를 지냈고, 필요에 따라 굿을 벌이기도 했다. 부모님은 그렇게 전해 내려온 삶을 지켜가며 살아가셨다.

그러던 어느 날, 예고 없이 아버지가 사고로 세상을 떠나셨다.

눈에 보이지는 않았지만 집안의 공기는 확연히 변해버렸다. 어머니의 눈동자엔 늘 말없는 긴장감이 깃들었고, 형제자매들은 저마다의 방식으로 아버지의 빈자리를 메우기 위해 애썼다. 아버지의 부재는 나를 한층 성숙하게 만들었고, 세상을 바라보는 시선도 조금씩 달라졌다. 여전히 말이 없는 산과 들이 묵묵히 바라보는 가운데, 나도 소리 없이 자라났다. 그렇게 어린 날의 순수함을 접고, 삶이라는 현실에 발을 디디기 시작했다.

겨울 아침이면 온 대지가 얼어붙고 차가운 바람이 뺨을 사정없이 스쳤다. 하지만 그런 날에도 어머니는 어김없이 논밭으로 나가셨다. 차가운 흙 아래 숨 쉬고 있을 생명을 찾아 두 손으로 얼어붙은 땅을 헤집으며 냉이와 쑥, 달래 같은 산채 뿌리를 찾아 헤매셨다. 냉이는 겨울이 되면 땅 위의 잎은 얼어 죽지만, 땅속 깊이 숨어든 뿌리는 봄이 오면 다시 살아난다. 쑥 또한 겨울을 견디는 생명력이 대단한 식물로, 특히 음력 단오 전에 채취한 쑥은 약으로 쓸 만큼 귀하게 여겨졌다.

이른 봄의 냉이는 말 그대로 땅속 깊이 숨어 있었다. 손끝이 얼어붙고, 흙은 바위처럼 단단하지만, 어머니는 단 한 번도 포기하지 않으셨다. 땅속에 숨어 있는 생명을 찾아낼 수 있다는 믿음 하나로, 얼어붙은 땅을 헤치고 또 헤치기를 멈추지 않으셨다. 겨울보다 더 깊은 시련 속에서도 포기하지 않는 어머니의 삶은 인생의 교훈이 되어 내게 각인되었다.

2월과 3월, 살을 에는 혹한 속에서도 어머니는 단 하루도 손을 놓지 않으셨다. 마을 근처에는 냉이가 드물었기에 어머니는 어김없이 새벽같이 일어나셨고, 어두운 하늘 아래 버스에 몸을 실으셨다. 서산이나 예산, 먼 지역까지 가야 냉이를 캘 수 있었고, 가느다란 허리에 하나하나 캐 모은 그것들을 머리에 이고 다시 버스를 타고 집으로 돌아오셨다. 버스에서 내리신 후엔 또다시 30-40분을 산을 넘고 들길을 따라 걸어오셔야 했다.

어린 내게 그런 어머니의 모습은 늘 안쓰러웠다. 무거운 짐을 머리에 인 채 묵묵히 걸어오시는 어머니의 실루엣은 마치 산이 걸어오는 것 같았다. 집에 도착하시면 그제서야 머리의 짐을 내려놓고 바닥에 털썩 주저 앉아 말 한마디 없이 숨을 고르셨다. 20~30분 동안 말없이 앉아 계시는 어머니의 모습을 볼 때마다 어린 가슴이 이상하게 먹먹해졌다. 어머니가 머리에 이고 온 것은 단순한 나물이 아니었다. 그 짐 속에는 아홉 남매를 위한 사랑과 희생, 그리고 삶을 견디게 해준 강인한 의지가 함께 담겨 있었기 때문이다.

지금도 겨울 냉이를 만나고 봄 달래를 마주하는 내 마음 한편엔 그날의 어머니가 있다. 찬바람을 맞으며 무거운 짐을 머리에 이고도 한 치의 흐트러짐 없이 걸어오시던 모습, 아무 말 없이 바닥에 앉아 계시던 굳은 얼굴. 그것은 기억 속에서 시간이 흘러도 결코 바래지 않는 사랑의 형상이다.

삐걱거리는 다리를 건너며, 나를 찾아간 시간

초등학교 시절을 떠올리면 가장 먼저 떠오르는 것은 다름 아닌 '상여집'이다. 학교로 향하는 산모퉁이를 돌아서면서 있었는데, 그·앞을 지날 때면 알 수 없는 두려움이 가슴을 짓눌렀다.

하얀 천이 드리워진 문, 쓸쓸하게 서 있는 상여 틀, 그 안에 깃든 어딘가 무서운 기운이 어린 내 마음을 얼어붙게 했다. 그래서 늘 날랜 걸음으로 그 앞을 재빨리 지나치거나, 때로는 일부러 먼 길로 돌아 학교에 가곤 했다. 그 집을 피해 돌아가던 발걸음에는, 보이지 않는 무언가를 향한 본능적인 공포가 묻어 있었다.

그 시절은 '새마을 운동'이 한창이던 때였다. 마을마다 초록색

새마을기가 바람에 펄럭였고, "잘살아보세"라는 구호가 여기저기서 들려왔다. 아침마다 동네 아이들은 하나둘 마을회관 앞으로 모여들었고, 일렬로 줄을 맞춰 학교까지 함께 걸어갔다. 마치 작은 행진처럼 보였던 그 광경은 어릴 적 나에게 자랑스럽고 특별한 일이기도 했다.

5, 6학년 중 어떤 아이에게는 '애향단장'이라는 직책이 주어졌다. 깃발을 들고 제일 앞에서 행진을 이끄는 아이였다. 깃발은 바람에 휘날렸고, 그 깃발을 든 단장의 뒷모습은 또래 아이들에게 존경과 부러움의 대상이 되곤 했다. 지금 생각해 보면, 그 시절의 행진은 단순한 등굣길이 아니라 마을의 질서와 희망, 그리고 함께 살아간다는 공동체의 나라를 사랑하고 이웃을 사랑하는 감각이 마음속에 스며드는 풍경이었다.

학교까지 가는 길은 멀고도 험했다. 아침이면 우리는 신작로 길을 따라 꼬리에 꼬리를 물고 걸었다. 아이들의 콩콩대는 발소리, 빠르게 오르내리는 숨소리가 정적에 잠긴 아침 공기를 조용히 흩어놓았다. 걷다 보면 어느새 몸이 따뜻해지고, 뺨은 붉게 달아오르곤 했다. 토요일이나 일요일이 되면 아이들은 모여서 함께 체조를 하고 마을 곳곳을 돌며 청소도 했다. 그것은 우리가 이 마을의 작은 일꾼이라는 걸 증명하는 의식 같았다. 어른들이 흐뭇하게 바라보는 눈빛 속에서 나는 존재감을 느꼈다.

초등학교를 졸업한 나는 갈산면 소재지에 있는 중학교에 진학하였다. 시골 마을의 좁은 품 안에서만 지내던 내게 면 소재지의 중학교를 다닌다는 건 단순한 '진학'이 아니라 인생의 큰 전환이었다. 이제 나는 익숙하던 산과 들, 친구들과 맨발로 뛰놀던 작은 학교를 떠나야 했다. 그리고 한 시간이 넘는 길을 걸어 면 소재지까지 나가야 했다.

가는 길은 결코 만만치 않았다. 산을 넘고 강을 건너야만 했다. 길은 구불구불했고, 때로는 안개가 자욱하게 낀 새벽에도 걸어야 했고, 비에 젖은 미끄러운 흙길도 걸어야 했다. 하지만 그 길을 걸으며, 나는 세상이라는 더 넓은 강물로 조금씩 나아가고 있었다.

시냇가에는 마을 사람들이 손수 엮어 만든 나무 다리가 놓여 있었다. 시멘트로 튼튼하게 다져진 다리가 아니라 투박한 나무 널빤지와 막대기들이 얼기설기 엮인, 금방이라도 무너질 듯한 다리였다. 처음 건널 때는 발밑에서 삐걱거리는 소리가 날 때마다 가슴이 철렁 내려앉곤 했다. 나는 조심스럽게 숨을 고르며 한 걸음, 또 한 걸음을 내디뎠다. 그러나 어느새 그 삐걱거림마저도 일상의 일부가 되었고, 나는 익숙한 발걸음으로 시냇물을 건너고 있었다. 그렇게 시내를 지나고 산길을 오르내리며 매일같이 면 소재지에 있는 중학교로 향했다. 단순한 통학로가 아니라 내 안의 세상을 넓혀가는 여정이었다.

초등학교 3~4학년 무렵부터 왜 그랬는지는 알 수 없지만 달리기에 몰두했다. 마을을 빙 돌아 달릴 때면 심장이 빠르게 뛰었고, 온몸에서 땀이 솟아날 때면 마치 내 안에 숨어 있던 힘이 폭발하는 듯한 짜릿함이 몰려왔다. 그 기분이 너무 좋아서 달리고 또 달렸다. 그렇게 달리다 보니 언젠가부터 '체육 선생님이 되고 싶다'는 꿈이 마음속 깊은 곳에서 조용히 자라나기 시작했다.

중학교에 들어가서도 나는 운동을 멈추지 않았다. 마침 중학교에 럭비부가 있어서 운동을 시작했다. 운동장에서 친구들과 달리며 흘리는 땀이 내게는 가장 큰 기쁨이었고, 운동장을 누비는 그 시간들이 하루를 채우는 가장 확실한 행복이었다. 달리면서 공을 주고받는 가운데 느낀 자유와 속도감, 땅을 박차고 나아가는 그 에너지 속에서 내가 누구인지, 무엇을 하고 싶은지 조금씩 또렷이 알게 되었다. 그리고 체육 선생님이 되겠다는 꿈도 그 땀방울만큼이나 확고해졌다.

방학을 맞이할 때면 더 넓은 세상에서 더 많은 사람들과 함께 운동하고 싶었다. 마치 나를 가두고 있던 울타리를 벗어나고 싶은 듯, 가슴속에 뜨거운 열망이 꿈틀거렸다. 그래서 결국 체육 전문학교가 있다는 인천까지 혼자 갔다. 설렘과 막막함이 교차하였지만, 단순히 운동을 더 잘하고 싶다는 마음 하나로 짐을 챙겨 긴 여정을 떠났다. 누가 오라고 한 것도 아니었고, 나를 기다리는 이도 없었다. 그런데도 나는 주저하지 않았다. 두려움보다는 기대가 더 컸고, 불안보다는 설렘이 나를 이끌었다.

중학교 럭비팀

체육 전문학교에 도착하자마자 망설임 없이 문을 두드렸다. 교정을 지나 선생님을 찾아간 나는 또박또박 말했다. "저, 운동하러 왔어요." 그 말은 나의 결심이었고 선언이었으며, 스스로 세운 미래를 향한 첫 발걸음이었다. 선생님은 놀란 듯 내 얼굴을 한참 바라보시더니 조심스레 물으셨다. "어디서 왔냐?" "홍성 갈산중학교에서 왔어요." 그렇게 나는 이곳에서 기대와 설렘으로 새 삶을 시작하였다.

형들과 함께 운동할 때마다 더 빠르고 더 강해지고 싶었다. 발밑에서 튀는 흙먼지, 땀으로 젖은 옷, 숨이 목까지 차오를 때 비로소 느껴지는 그 벅찬 에너지는 살아 있다는 확실한 증거였다. 체육관과 운동장은 나의 세상이었고, 거기서 흐르는 시간은 마치 멈춰 있는 듯했다. 오직 운동만이 내 머릿속을 가득 채웠고, 내 몸은 조금의 쉼도 없이 움직였다. 그런 열정 속에서 체육 선생님이 되겠다는 꿈은 점점 굳어졌고, 어느덧 그것은 단순한 바람이 아니라 나의 정체성이 되어가고 있었다. 운동은 나에게 전부였다. 그러나 그 열정의 흐름이 잠시 멈춘 듯한 순간이 뜻밖에 찾아왔다.

중학교 1학년 때, 교회를 다니는 친구와 우연히 짝이 되었다. 그 친구는 종종 예수님에 대해 이야기했고, 내가 예수님을 믿으면 좋겠다는 눈빛으로 말하곤 했다. 그 눈빛은 참 맑고 반짝였지만, 그때의 내 마음은 운동으로 가득했고, 신이나 믿음에 대해 생각할 여유도 없었기에 친구의 이야기를 그저 흘려들을 뿐이었다.

그 무렵 일요일이면 나는 농사일을 피하려고 "엄마, 선생님이 학교에 오라고 하셨어"라며 거짓말을 하고 집을 나서기도 했다. 학교에 도착하면 친구들이 음악 선생님과 함께 어디론가 가고 있었고 나는 그 모습을 그저 멀리서 지켜보기만 했다. 그들이 향하는 곳이 어디인지 몰랐지만 뭔가 특별하고 따뜻한 곳 같아 속에서는 어쩐지 부러운 마음이 일곤 했다. 나중에야 그 길 끝에 교회가 있다는 것을 알게 되었다.

음악 선생님과 아이들이 밝은 얼굴로 함께 걸어가는 모습에서 설명할 수 없는 막연한 공허함이 마음 한구석에 찾아오곤 했다. 아마 그건, 내가 알지 못하는 '어딘가'에 대한 그리움이었을 것이다. 지금도 가끔 그런 생각이 든다. 만약 그때 음악 선생님이 내 이름을 부르며 "신정아, 일요일에 교회 가자" 한마디만 해주었더라면, 그랬다면 그 길을 함께 걸었을지도 모르겠다고. 그 막연한 아쉬움은 내 안에 조용히 남았고 오래도록 잊히지 않았다.

따뜻한 빛 한 줄기,
그 겨울의 문턱에서

2학년이 되면서 그 친구와 나는 반이 바뀌었고, 자연스럽게 거리가 생겼다. 서로의 일상에서 우리는 멀어졌고, 나는 다시 운동에 몰두하며 내 길을 걷고 있었다. 하지만 3학년이 되던 해, 우리는 다시 같은 반이 되었다. 이번엔 무언가 달랐다. 그 친구는 이전보다 훨씬 진지하게 예수님에 대해 이야기했고, 그의 말 속에는 가볍지 않은 진심이 담겨 있었다. 그리고 또 다른 친구도 나에게 다가와 조심스럽게 말을 건넸다.

"같이 교회 가보지 않을래?"

나의 마음은 그제야 조금씩 열리기 시작했다. 여전히 내 속에는 운동을 향한 열정이 불꽃처럼 타오르고 있었지만 신앙이라는 전혀 다른 세계가 조용히, 그러나 분명히 내 앞에 펼쳐지고 있었다. 그 길은 낯설어 보였지만 어쩐지 내 마음을 끌었다.

그 시절을 떠올릴 때마다 아쉬움이 남곤 한다. 만약 누군가가 조금만 더 일찍 따뜻하게 내 손을 잡아 주었더라면, 같이 가자며 나를 교회 문턱까지 이끌어 주었더라면, 나는 더 일찍 예수님을 만났을지도 모른다. 그러나 모든 일에는 하나님의 때가 있다는 것을 이제는 안다.

예수님을 만난 이후 내 삶의 방향은 완전히 달라졌다. 운동에 푹 빠져 살았던 내가 이제는 예수님에게 푹 빠져 살게 되었고, 그분의 길을 따라 걷는 것이 인생의 새로운 목적이자 기쁨이 되었다. 운동이 내 삶을 단련시켰다면, 예수님은 내 영혼을 깨우셨다. 그리고 그 깨달음이 나를 지금 여기까지 이끌어 왔다.

그날은 토요일이었다. 친구의 손에 이끌려 생애 처음으로 교회 문턱을 넘었다. 학교와 집, 그리고 마을회관 외에는 가본 적이 없는 나에게 교회는 낯설고도 특별한 공간이었다. 문을 열고 들어서는 순간, 말로 다 설명할 수 없는 따스한 공기가 온몸을 감쌌다. 바깥의 겨울 공기가 매섭게 차가웠던 탓인지 그 온기는 더욱 포근하게 느껴졌다.

고개를 들어 강대상을 바라보니, 그 위로 화려하게 빛나는 샹들리에가 눈에 들어왔다. 집에서 흔히 보던 형광등과는 전혀 다른 부드럽고 은은한 빛. 그것은 마치 하늘에서 내려온 한 줄기 평안 같았다. 그 빛을 바라보는 순간 나도 모르게 심장이 두근거렸고, 차가운 겨울바람에 얼어 있던 내 마음은 서서히 녹아내리기 시작했다.

그곳은 단순한 건물이 아니었다. 무심코 스쳐 지날 수 있는 벽 하나, 창문 하나에도 오랜 세월의 숨결이 배어 있었고, 그것들이 마치 따뜻한 손길처럼 나를 조용히 감싸주었다. 교회 안 공기에는 어디에서도 느끼지 못한 특별함이 있었다. 신비롭지만 낯설지 않고, 낯설지만 이상할 정도로 친근했다. 그 공간은 말로 설명할 수 없는 따뜻한 기운으로 가득 차 있었고, 그 기운은 내 마음 깊은 곳까지 스며들었다.

처음으로 발을 들인 그 공간은 단지 종교적인 장소가 아니었다. 나는 직감했다. '아, 교회라는 곳은 이런 곳이구나….' 강대상 위로 비치는 샹들리에의 은은한 불빛 아래, 나는 부드럽고 따사로운 분위기에 단숨에 매료되었다.

시간이 흐른 지금 나는 분명히 말할 수 있다. 그 따뜻함은 단지 조명이나 공기의 온기 때문이 아니었다. 그것은 분명 성령님의 역사였다. 성령님께서 나의 조심스러운 첫 발걸음을 품어 주시고, 그날의 모든 순간을 은혜로 덧입혀 주셨던 것이다.

그날 내 안에 심긴 따뜻함은 곧 내 삶의 방향을 조금씩 바꾸기 시작했다. 단순한 경험이 아니라 존재를 흔드는 전환이었다. 그날 이후 나는 누가 시키지 않아도 교회를 찾기 시작했다.

12월 중순쯤, 한겨울이 본격적으로 시작된 때였다. 살을 에는 듯한 바람과 발끝까지 시리는 공기, 얼어붙은 대지를 딛고 교회로 향하는 길은 결코 쉽지 않았다. 우리 마을에는 교회가 없었기에 가장 가까운 교회에 가려면 반드시 큰 산을 넘어야만 했다.

산길은 거칠었고, 바람은 모질게도 내 양 볼을 사정없이 때렸다. 그래도 나는 멈추지 않았다. 예수님을 만난다는 그 기대 하나만으로도 마음이 뜨겁게 뛰었고, 그 설렘은 찬 공기조차 이길 만큼 강렬했다. 그 겨울, 나는 한 걸음씩 예수님께 가까이 다가가고 있었다.

그렇게 매주 산을 넘고 교회를 찾았던 시간들이 쌓여가면서, 나는 조금씩 예수님을 알아가기 시작했다. 예배를 드리며 말씀을 듣고 찬양을 부르며, 예수님의 사랑과 은혜가 얼마나 깊고 풍성한지를 마음으로 느꼈다. 그러던 어느 날, 나를 송두리째 뒤흔들어 놓는 사건이 찾아왔다.

이웃 교회에서 '큰 전도대회'가 열린다는 소식을 전해 들은 것이다. 이름하여 '한미전도대회.' 그때는 그 이름도, 의미도 알지 못했지만 외국에서 온 사람들이 복음을 전하고, 그것이 '부흥회'라 불린다니 당연히 가야겠다고 마음먹었다. 예수님을 더 알고 싶다는 마음, 그리고 어딘지 모르게 두근대는 기대감이 나를 이끌었다.

예배당에 들어서자 이미 수많은 사람들이 자리를 가득 메우고 있었다. 나처럼 호기심 반, 기대 반으로 찾아온 사람들도 많았다. 그런데 놀랍게도, 무대에 선 선교사님들은 한국어를 유창하게 하시지 못했다. 말은 서툴고 어눌했지만 그 속에는 가식 없는 진심이 담겨 있었다. 그들은 통역 없이, 어설픈 한국어로 한 마디 한 마디를 전하려 애썼다. 때로는 발음이 엉뚱해 웃음이 터지기도 했지만, 그 진지한 눈빛과 간절한 마음은 오히려 깊은 울림을 주었다.

그들은 예수님에 대해 이야기했다. 예수 그리스도를 믿는 자는 구원을 받고, 하나님의 자녀가 된다는 복음. 짝꿍을 통해 이미 익숙하게 들었던 그 말이 그날은 다르게 다가왔다. 아니, 그 말씀이 내 안에서 살아 움직이기 시작했다. 마치 오랫동안 말라 있던 심령의 깊은 곳에 한 줄기 생수가 스며들 듯, 복음의 말씀이 내 영혼을 적시기 시작했다.

나는 그날 확실하게 느꼈다. 예수님은 살아 계시다는 것을 머리가 아니라 가슴으로 말이 아니라 존재로 느낀 것이다. 그래서 나는 그분을 나의 구주로 영접하지 않을 수 없었다. 그날 이후, 내 안에는 오직 예수님만 계셨다. 세상 어떤 것보다, 뜨겁게 사랑했던 운동조차도 예수님께 서서히 자리를 내어주었다. 나는 더 이상 운동선수가 아니라 예수라는 이름을 향해 달려가는 믿음의 경주자가 되었다. 예수 그리스도 이름 하나면 충분했다. 그 이름이 나의 길이었고, 나의 생명이었고, 나의 모든 것이었다.

그때 내 나이 열여섯이었다. 하나님은 조용히, 그러나 확실하게 내 인생의 물줄기를 틀어놓으셨다. 어디로 흘러갈지는 알 수 없었지만, 이전의 궤도를 이탈해 전혀 새로운 흐름에 몸을 실었다는 것은 어렴풋이 감지할 수 있었다. 그것은 불안이 아닌 설렘을 동반한 변화였다. 그저 방향이 바뀌었다는 사실 하나만으로도 내 마음속 깊은 곳에서 무언가가 요동쳤다.

그렇게 세월이 흐르며 내 삶은 전혀 예상치 못한 방향으로 흘러간 것이다. 신학을 공부하고 교회를 개척하게 되면서 그제야 그때 그 전도대회가 어떤 사역이었는지 정확히 알게 되었다.

그리고 내 안에는 새로운 사명이 조용히 자리 잡기 시작했다. 내가 받았던 은혜와 감동을 나처럼 복음을 모르는 이들에게도 반드시 전해야 한다는 사명. 그 감동의 씨앗은 그날로 끝나지 않았다. 그래서 나는 우리가 개척한 교회에서도 한미전도대회의 불씨를 다시 지피기로 결심했다. 아무것도 모르던 어린 시절, 서툰 한국어로 복음을 전하던 그들의 모습에 가슴이 뛰었던 그 기억, 그 뜨거움과 떨림을 나는 해마다 우리 교회 안에서 다시 살려냈다. 그 은혜의 순간을 또 다른 누군가가 경험하기를 바라며 말이다.

그 당시 내 앞에는 두 갈래 길이 놓여 있었다. 하나는 내게 익숙하고, 익숙한 만큼 편안한 길이었다. 운동을 사랑했고, 땀을 흘리며 승리를 향해 달려가는 그 삶은 내 열정이 깃든 길이었다. 그리고 다른 하나는 아직 가보지 않은 전혀 새로운 길이었다. 불확실하고 낯설지만 왠지 모르게 마음이 끌리던 길, 나는 마음속 깊은 곳에서 이미 그 길을 선택하고 있었다.

선택을 하고 나니 그렇게 사랑했던 운동에 대한 열정이 서서히 식어갔다. 함께 운동하던 친구들, 그들의 문화와도 조금씩 거리를 두게 되었다. 훗날 돌아보니, 그것은 마치 하나님께서 아브라함을 불러 '고향, 친척, 아버지 집'을 떠나게 하신 사건과도 같았다. 나를 익숙한 곳에서 떼어내어 미지의 땅으로, 하나님이 예비하신 사명의 자리로 이끄신 것이었다.

가족 사진

하나님이 이끄시는 자리

연무대 기계공업고등학교로 진학을 결정하기까지 내 마음은 여러 번 흔들렸다. 초등학생 시절부터 중학생 시절까지 오랫동안 품어왔던 꿈과는 전혀 다른 길이었기 때문이다. 중학생 시절 내내 나는 '체육 선생님'이라는 꿈을 가슴에 품고 살았다. 그 꿈은 단순한 환상이 아니라 매일 훈련장에서 흘린 땀과 다친 무릎 위에 세워진 현실의 목표였다.

나는 우리 학교 럭비팀의 일원이었다. 거친 숨을 몰아쉬며 운동장을 누비고, 온몸이 땀과 피로에 젖어드는 그 시간을 진심으로 사랑했다. 고통스러웠지만 그 속에 진한 만족이 있었다. 그리고 마침내 나는 럭비팀의 주장이 되었다. 책임이 커지자 열정도 따라 커졌고, 주장이라는 자리가 주는 무게와 자부심은 내 삶의 동력이 되었다. 동료들과 함께 훈련을 견뎌내고, 서로를 믿고 의지하며 경기를 치르던 순간순간 우리는 마치 하나의 결속된 조직 같았고, 나는 그 선두에 서 있었다.

하지만 고등학교 진학을 앞두고 내 안의 또 다른 목소리를 듣기 시작했다. '이 길을 계속 가도 괜찮을까? 내가 이 세계에서 끝까지 살아남을 수 있을까? 체육 선생님이라는 직업이 과연 내 삶을 안정적으로 지켜줄 수 있을까?' 훈련이 끝난 후 조용한 저녁이면 이런 현실적인 질문들이 하나둘 떠올라 머릿속을 채웠다. 불안과 회의는 점점 커졌고 결국 나는 용기 있게 자문했다. '진짜

내 길은 무엇일까?'

주변 친구들은 체육 특성화 고등학교에 지원하여 운동을 계속 이어갈 계획을 세웠다. 그들은 자신이 잘하는 것을 선택했고, 그것이 부러웠다. 그러나 나는 다른 길을 선택하기로 결심했다. 연무대 기계공고. 생소하고 낯선 길이었지만 왠지 모르게 그 길로 향해야 할 것 같은 강한 끌림이 있었다.

대다수 친구가 익숙한 길, 자신 있는 분야로 나아갈 때 나는 혼자 완전히 새로운 길로 방향을 틀었다. 그 길이 어느 곳으로 향하는지 알 수 없었지만 한 가지는 분명했다. 그 길 위에 하나님이 함께하실 것이다! 익숙함을 버리고 낯섦을 선택했지만 하나님께서 그 길 끝에 계실 것이라는 믿음 하나면 충분했다.

고등학교에 처음 발을 디디자, 모든 것이 낯설고 어색했다. 익숙했던 럭비장의 함성도, 함께 땀 흘리며 버텨냈던 팀원들의 웃음도 더 이상 내 곁에 없었다. 주변에는 나를 알아주는 이 하나 없었고, 친구들은 모두 자신이 선택한 길을 따라 흩어졌다. 나는 그저 교회와 학교, 집만 오가는 단조로운 일상을 반복했다. 때로는 쓸쓸함이 마음을 짓눌렀지만 오히려 그 고요한 낯섦 속에서 나

는 중요한 결심을 했다. '하나님께 더 집중하자.'

내가 얼마나 열심히 기도하는지, 얼마나 뜨겁게 찬양하는지, 사람들의 평가나 시선은 더 이상 중요하지 않았다. 이 길 위에서는 오직 하나님과 나만의 시간이 존재할 뿐이었다. 이전처럼 많은 사람들과 어울려 무언가를 이루는 방식이 아닌, 깊이 파고들어 하나님의 음성을 듣는 시간이 필요했다. 그리고 나는 그 조용한 시간 속에서 하나님께 한 걸음 더 가까이 나아갔다.

고등학교 진학은 분명 내가 오랫동안 꿈꿔왔던 방향은 아니었다. 그러나 그 선택이 단지 우회로가 아니라 하나님이 준비하신 또 다른 길임을 점점 확신하게 되었다. 고요하고 낯선 이 환경 속에서 하나님은 내 마음 깊은 곳에 새로운 부르심을 심기 시작하셨다. 그 부르심은 이전의 열정이 향하던 방향과는 전혀 달랐지만, 더 깊고 더 단단했다.

꿈이 바뀐 것이 아니라 부르심이 재정의된 순간이었다. 하나님께서 이끄시는 새로운 길 위에서 나는 다시 한 번 믿음으로 걸음을 내디뎠다. 비록 앞이 보이지 않아도 하나님이 함께 계신다는 그 믿음 하나로 나는 오늘도 그 길을 걸어간다.

고등학교에 입학한 나를 위해 어머니는 학교에서 걸어서 40분쯤 떨어진 외딴곳에 자취방을 구해주셨다. 시골에서 읍내로 나간 내가 혹시나 친구들과 어울리다 잘못된 길로 빠질까 봐 일부러 시내와는 동떨어진 조용한 곳을 택하신 것이다. 그리고 혼자 다닐 수 있도록 자전거 한 대를 사주셨다. 그 자전거는 어머니가 주신 '자립'이라는 이름의 첫 번째 선물이었는지도 모른다.

그때까지 나는 밥을 지어본 적이 없었다. 그날 어머니는 나와 함께 머물며 불 피우는 법, 쌀 씻는 법, 밥 짓는 법을 차근차근 가르쳐 주셨다. 하룻밤을 함께 보내신 후, 어머니는 떠나시기 전 마지막으로 나를 바라보며 조용히 말씀하셨다. "엄마는 이제 못 온다. 이제 네가 스스로 밥해 먹고, 학교 다니며 정신 똑바로 차리고 살아야 한다." 이 말은 어머니가 해줄 수 있는 마지막 '돌봄'이자 이제는 스스로 살아내야 한다는 삶의 훈시였다.

어머니가 떠나고 나는 혼자가 되었다. 혼자서 밥을 짓는 일은 어색했고 늘 뜻대로 되지 않았다. 밥은 자주 타거나 설익었고, 불 조절을 못해 연기가 방에 가득 차는 일도 허다했다. 연탄이 떨어질 때도 있었고, 쌀이 바닥나는 날도 있었다. 몸은 피곤하고 마음은 무거웠다. 무엇보다도, 겨울바람이 스며드는 그 차가운 방 안에 홀로 앉아 있자니 더는 견딜 수 없을 것 같았다.

그러던 어느 날이었다. 믿음의 어머니를 만났다. 연탄도 떨어지고 쌀마저 다 떨어졌던 밤, 가만히 앉아 있던 나는 문득 더 이상 여기 있을 수 없다는 생각이 들었다. 몸도 마음도 너무 지쳐 있었다. 도망치고 싶다는 생각이 아닌, 살고 싶다는 본능 같은 움직임이었다. 그래서 나는 교회로 향했다.

아무 약속도 없이 불 꺼진 그곳을 향해 자전거를 끌고 어둠을 뚫고 달려갔다. 누군가 기다리고 있으리라는 기대는 없었다. 다만 하나님은 거기 계실 것 같았다. 차가운 자취방과는 달리 교회는 이상하게도 내 마음 깊숙이 따뜻한 안식처로 느껴졌기 때문이다.

교회에 도착해 혼자 찬송을 부르며 조용히 시간을 보내고 있자니 어느덧 시계는 새벽 3시 반을 가리키고 있었다. 어둠과 고요함이 교회를 덮고 있는 그 시각, 문이 열리더니 한 할머니가 세숫대야에 걸레를 가득 담아 조용히 들어오셨다. 아무 말 없이 기도부터 올리시고는 강대상부터 시작해 하나하나 정성스럽게 닦기 시작하셨다. 그 모습은 누군가를 위한 섬김이 아니라 하나님을 향한 경배처럼 느껴졌다.

나는 무언가에 끌리듯 다가가 자연스럽게 걸레를 들고 청소를 돕기 시작했다. 조용한 새벽, 아무도 없는 예배당에서 두 사람의 걸레질 소리는 기도처럼 울려 퍼졌다. 잠시 후 나는 조심스레 물었다. "권사님, 언제부터 이렇게 하셨어요?" 그분은 얼굴에 은은한 미소를 머금고 대답하셨다. "시집오고 나서부터 계속했지."

그 한마디가 내 가슴에서 묵직하게 울렸다. 오랜 세월 한결같이 주님의 전을 섬겨온 권사님의 손길은 말보다 많은 이야기를 담고 있었다. 그 순간 내 안에서 무언가가 꿈틀거리며 움직였다. '이건 내가 해야 할 일이다'라는 생각이 선명히 떠올랐다. 아무도 시키지 않았지만, 누가 대신하라 하지도 않았지만 내 마음 깊은 곳에서 하나님께 드리는 첫 결단을 하고 있었다. "내일부터 제가 할게요. 청소 밀대 하나만 사주시면 제가 다 청소할게요." 권사님은 잠시 나를 바라보시더니 진심이냐고 물으셨다. 나는 주저 없이 고개를 끄덕였다. 그 끄덕임은 단순한 약속이 아니었다. 하나님 앞에 드리는, 조용하지만 단단한 서원이기도 했다.

그날 이후 나의 일상은 조금씩 달라졌다. 학교 수업이 끝나면 곧장 자전거를 타고 교회로 향했고, 예배당 문을 열면 가장 먼저 바닥에 엎드려 기도한 후, 한 손에 빗자루를 들고 한 손에는 걸레를 든 뒤 마음을 담아 예배당 구석구석을 닦았다. 보이기 위한 섬김이 아니었고, 누가 알아주길 바라는 마음도 없었다. 그저 그 자리에서 하나님을 만나는 것이 기쁘고, 하나님 집을 깨끗하게 하는 일이 내게는 가장 복된 일이었다. 교회 청소를 맡았지만 그 시절 하나님께서 내 마음을 닦고 계셨다.

그러던 어느 날, 평소처럼 청소를 마친 후 조용히 앉아 쉬고 있는데 권사님께서 다가오시더니 자리에 앉은 나를 조심스럽게 바라보시며 말씀하셨다.

"신정 학생, 우리 집에 빈방이 하나 있는데…, 방세만 조금 내면 밥은 내가 해줄게. 쌀도 시골에서 가져올 테니 밥 걱정은 하지 말고, 빨래도 내가 해줄게. 연탄도 갈아줄 테니…우리 집으로 와서 지내지 않겠어?"

그 말씀은 얼어붙은 내 삶을 비추는 따뜻한 햇살 같았다. 마치 아무도 모르게 견뎌온 외로움과 부족함을 하나님께서 알고 계셨다는 증거처럼 들렸다. 권사님의 한마디 한마디는 단순한 제안이 아니라 사랑의 손 내밈이었고, 하나님의 위로의 음성이었다.

그래서 나는 권사님 집으로 이사를 했다. 낯설고 추운 자취방을 떠나, 하나님이 마련하신 듯한 새로운 보금자리로 발걸음을 옮겼다. 따뜻한 밥 냄새와 함께 시작된 그 집의 아침, 기도 소리로 채워진 저녁은 이전과는 전혀 다른 하루를 선물해 주었다. 권사님의 사랑과 섬김 속에서, 나는 더 깊이 하나님의 손길을 느끼며 자라나기 시작했다.

권사님 댁으로 이사한 후, 내 삶은 조용하지만 분명하게 또 한 번 새로운 방향으로 나아가기 시작했다. 권사님은 매일 새벽 정해진 듯 느껴지는 시간에 나를 깨우셨다. "학생, 일어나야지. 새벽기도 가야지." 처음에는 그 부드럽지만 단호한 음성이 낯설게 느껴졌다. 하지만 어느새 하루의 시작을 알리는 종소리처럼 그 말이 익숙해졌다. 그렇게 나는 매일 새벽, 어둠이 가시기도 전에 권사님과 함께 교회로 향했다. 새벽기도를 드릴 때 처음에는 졸음을 이겨내는 것이 큰 과제였지만, 어느 순간부터 마음이 고요해지고, 하나님께서 말씀하시는 작은 속삭임들이 들리기 시작했다.

권사님은 나를 위해 아침밥을 지어 주셨고, 정성껏 도시락을 싸주셨다. 홀로 지내시던 분이기에 두 사람이 마주 앉아 함께 식사하는 자리는 말할 수 없이 따뜻했다. 별 말이 없어도, 그 식사

자리는 삶과 신앙이 조용히 교차되는 은혜의 시간이었다. 그렇게 일상의 무게는 줄어들었고, 생활은 훨씬 편안해졌다.

물론 어떤 날은 도저히 새벽에 일어날 수 없을 만큼 피곤하고, 그냥 이불 속에서 자고 싶은 날도 있었다. 그러나 권사님은 변함없이 나를 깨우셨고, 묵묵히 곁을 지켜주셨다. 그러한 일상의 반복 속에 어느새 나는 '훈련'되고 있었다. 단지 생활습관만이 아니라 믿음의 리듬이 몸에 새겨지고 있었다.

학교에서 돌아오면 나는 곧장 교회로 향했고, 빗자루를 들고 바닥을 쓸고, 밀대를 밀며 구석구석 닦았다. 청소를 마치고는 조용히 무릎을 꿇고 기도했다. 그리고 다시 교복을 챙겨 입고, 가방을 들고, 그제야 집으로 돌아왔다.

그 반복되는 일상이 때로는 고단하고 지루하게 느껴지기도 했지만 이상하게도 내 마음속 깊은 곳에서는 설명하기 어려운 만족감이 자라나고 있었다. 그건 분명히 하나님과 함께 걸어가는 삶의 무게와 따뜻함이었다. 아무도 보지 않는 시간 속에서 나는 하나님께 조용히 다듬어지고 있었고, 그렇게 나의 믿음은 단단하게 뿌리내리고 있었다.

어느 날, 평소처럼 교회 청소를 마치고 가방을 메고 모자를 푹 눌러쓴 채 집으로 돌아가려던 참이었다. 문을 나서려다 무심코 창문을 바라보았는데, 마침 목사님이 사택에서 나오시는 모습이 보였다. 그 순간, 슬며시 기대감이 피어올랐다. '아, 목사님이 내가 딱 청소를 마친 타이밍에 나오시네.' 나는 칭찬에 목마른 사람처럼 목사님의 칭찬을 기대했다. "교회가 깨끗한 것은 신정이가 청소했기 때문이구나"라는 칭찬이 듣고 싶었다.

가슴이 부풀었다. 그 기대는 곧 더 잘 보이고 싶다는 마음으로 이어졌고, 나는 빗자루를 들고 다시 한 번 바닥을 쓸고 구석구석을 살폈다. 목사님이 곧 들어오실 테니 조금이라도 더 반듯하고 깨끗한 모습을 보이자고 마음먹었다.

하지만 잠시 후 들려온 건 오토바이 시동 소리였다. 목사님은 교회로 들어오시지 않고 시내 방향으로 바쁘게 떠나셨다. 묘한 허탈함이 밀려왔다. '아, 목사님….' 기대가 무너진 자리에 실망이 밀려왔다. 나름 진심을 다해 섬겼는데 아무도 알아주지 않는다는 생각에 울컥하는 감정이 차올랐다.

그 순간, 하나님께서 내 마음 깊은 곳에 조용히 찾아오셨고 말씀하셨다. "신정아, 목사님은 보지 못했을지 몰라도 나는 너를 항상 보고 있다." 눈에서 눈물이 쏟아졌다. 그 한마디가 마음에 깊이 새겨졌다. 그제야 깨달았다. 사람의 시선이 닿지 않아도 하나님의 눈은 언제나 나를 향해 있다는 것을. 작은 섬김도, 고단한 청소도, 기대와 실망이 오가는 마음의 움직임까지도 하나님은 다 보고 계셨다는 사실을.

그날 이후 나의 섬김은 달라졌다. 하나님이 보고 계심을 알기에 누군가에게 잘 보이기 위한 것이 아닌, 하나님께 드리는 예배의 마음으로 청소를 하고, 기도를 드리고, 교회를 섬겼다. 나는 알게 되었다. 하나님은 내 삶의 모든 순간을 지켜보시며 때로는 기다리게 하시고, 때로는 침묵 속에서 훈련시키시며, 결국에는 가장 귀한 마음을 가르쳐 주시는 분이라는 것을.

하나님,
들어주세요

토요일 오후, 수업이 끝난 뒤 다시 먼 길을 돌아 집으로 향해야 했다. 연무대에서 시작된 여정은 버스를 타고, 중간에서 다시

다른 버스로 갈아타고, 마지막엔 40분을 걸어가야 집에 닿는 것으로 마무리되었다. 몇 번이고 갈아타야 하는 그 길은 늘 피곤하고 고단했지만 집에 간다는 생각 하나로 견딜 수 있었다.

그날도 마찬가지였다. 가방 하나 메고 먼 길을 돌아 어머니가 계신 홍성 시골 고향 집에 다녀왔다. 짧은 시간 머물다 떠나기 전, 어머니는 내 손에 돈을 꼭 쥐여 주셨다. 등록금, 방세, 수업료, 그리고 생활비와 용돈까지. 나는 그 돈을 조심스럽게 챙겼다. 주머니 속에 넣고, 다시 확인하고, 잊지 않으려 몇 번이고 손으로 확인했다.

일요일이 지나고, 다시 월요일 아침이 되었다. 그런데 그날 아주 큰 실수를 하고 말았다. 피곤함 때문이었는지, 마음이 급해서였는지 평소라면 절대 학교에 가져가지 않았을 큰돈을 무심코 주머니에 넣고 학교로 간 것이다. 등록금, 방세, 수업료, 용돈까지. 어머니가 힘들게 모아주신 그 돈이 고스란히 내 주머니에 들어 있었고, 나는 그 무게의 의미를 누구보다 잘 알고 있었다.

그날 아침, 평소와 다를 바 없이 학교 일과는 시작되었다. 체육 시간이 되어 교실을 나와 운동장으로 향했다. 체육복으로 갈아입고, 입고 있던 교복은 책상 위에 가지런히 개어 올려두었다. 모자도 그 위에 올려두고는 운동장으로 향했다. 단 하나, 달랐던 것은 주머니에 어머니의 손길이 담긴 그 큰돈이 들어 있었다는 사실이었고, 그 사실을 아는 사람은 나뿐이었다.

체육 수업을 마치고 교실로 돌아왔을 때, 알 수 없는 불안감에 휩싸였다. 자리에 앉기도 전, 주머니부터 확인했는데 그 돈이 사라지고 없었다. 심장이 철렁 내려앉았다. 온몸의 기운이 빠져나가는 것 같았고, 눈앞이 캄캄해졌다. 머릿속은 하얘졌고 무엇을 어떻게 해야 할지 알 수 없었다. 교복은 그대로 있었지만 그 안에 있던 가장 귀한 것은 사라져버린 것이다. 절망감이 이루 말할 수 없었다. 무언가에 쫓기듯 부리나케 교실을 둘러보았지만 단서도, 누구의 흔적도 없었다.

한참을 멍하니 서 있다가 마음 깊은 곳에서 하나님을 찾았다. 아무도 듣지 못하도록 조용히 눈을 감고 속으로 간절하게 기도했다. "하나님, 만약 이 돈이 정말 꼭 필요한 사람에게 간 것이라면, 그 사람의 필요에 따라 잘 사용하게 해주세요. 하지만 그 사람이 욕심 때문에 가져간 것이라면 제게 다시 돌려주세요."

간절하고도 짧은 기도였다. 그런데 이상하게도 그 기도가 끝나자 내 마음에 알 수 없는 평안이 찾아왔다. 상황은 여전히 바뀌지 않았고, 돈은 여전히 사라진 채였지만, 설명할 수 없는 평안이 마음을 덮었다. 억지로 달래거나 포기하는 감정이 아니었다. 그저 하나님께 맡겼다는 사실 하나만으로 마음이 가라앉기 시작했다.

그날 하교 후 바로 교회에 들러 똑같은 기도를 드렸다. "하나님, 만약 이 돈이 정말 꼭 필요한 사람에게 간 것이라면 그 사람이 필요에 따라 잘 사용하게 해주세요. 하지만 그저 욕심 때문에 가져간 것이라면 제게 다시 돌려주세요." 그리고 자취방에 돌아와 저녁을 준비하고 있었다. 조용한 저녁 시간, 문을 두드리는 소리가 들려 나가보니 뜻밖에도 반장과 함께 한 선배가 나를 찾아온 것이었다. 무슨 일인가 싶었다가 순간 들은 이야기는 나를 멍하게 만들었다. 선배는 고개를 깊이 숙이며 조심스럽게 말을 꺼냈다. "네 돈…내가 가져갔어. 미안하다. 정말 미안해." 그러면서 조용히 주머니에서 돈을 꺼내 내게 건넸다.

나는 아무 말도 할 수 없었다. 믿을 수 없는 일이 눈앞에서 벌어지고 있었기 때문이다. 절망의 끝자락에서 올려드렸던 그 짧고도 간절했던 기도가 이렇게 즉시 구체적으로 응답될 줄은 상상조차 하지 못했다. '하나님께서 정말 내 기도를 들으신 거구나…' 하는 깨달음이 전율처럼 온몸을 감쌌다.

하나님은 정말 나와 가까이 계시고, 내가 속삭이듯 드린 기도조차 외면하지 않으신다는 사실이 마음 깊이 와닿았다. 나를 이렇게까지 아시고 내 마음까지 헤아리신단 말인가? 그 질문 앞에서 나는 감격했고, 또 놀랐다. 사람이 보기에 아무것도 아닌 것 같았던 기도가 하늘 보좌를 움직였다는 확신이 생겼다.

아무리 생각해도 하나님께서 개입하지 않으셨다면 도저히 일어날 수 없는 일이었다. 고등학생이, 그것도 3학년 선배가 훔친 돈을 들고 후배에게 찾아와 사과하고 돌려준다는 말인가? 그건 인간의 양심만으로는 설명할 수 없는 일이었다.

그리고 또 하나, 지금 돌이켜보아도 나 자신에게 놀라운 점은 그 나이에 어떻게 그런 기도를 드릴 수 있었는가 하는 것이다. "하나님, 정말 필요한 사람이라면 쓰게 해주세요. 그러나 욕심 때문에 가져갔다면 돌려주세요." 이건 단순히 포기나 체념이 아니었다. 그것은 내 안에 자리 잡은 성령님의 감동, 그리고 하나님을 신뢰하는 마음이 끌어낸 믿음의 기도였다.

내 뜻도, 내 계획도 아닌, 하나님께서 나를 대신해 기도하게 하신 그 순간 나는 하나님께 한 걸음 가까이 다가갔다. 그분은 내 미약한 목소리에도 귀 기울이시고, 내가 말하지 못한 마음의 고백까지 들으시는 분이셨다. 그날 이후, 나는 단 한 번도 잊지 않는다. 하나님은 살아 계시고 응답하시는 분이라는 이 진리를!

그리고 1년 후, 또 한 번 놀라운 장면을 마주하게 되었다. 교회에서 열린 한 부흥회, 성령의 임재가 가득한 예배 가운데 그 선배를 다시 만난 것이다. 그는 조용히 앞자리에 앉아 머리를 숙이고 말씀에 귀를 기울이며 예배를 드리고 있었다. 그 순간, 마치 하나님의 손길로 내 눈앞에서 퍼즐이 맞춰지는 기분이 들었다. 오랜 시간이 지나고, 서로의 삶의 길이 다르게 흘러간 것처럼 보였지만 하나님은 그 선배도, 나도 같은 길 위에 세워가고 계셨던 것이다.

'하나님이 이렇게도 일하시는구나.' 가슴이 먹먹해지고 눈시울이 뜨거워졌다. 이전에 겪었던 모든 사건, 잃어버린 돈, 짧은 기도, 예상치 못한 고백과 회복, 그리고 지금, 그 모든 장면이 하나의 이야기로 이어지고 있었고, 나는 그 이야기의 일부가 되어 그 자리에 있었다.

하나님은 나를 연무기계공업고등학교로 보내셨다. 낯설고 외로운 곳, 누구 하나 알아주지 않는 곳에서 나를 훈련시키셨다. 익숙한 꿈을 내려놓게 하셨고, 외로운 방에서 불을 지피며 삶을 견디게 하셨고, 교회라는 작은 울타리 안에서 믿음을 키우게 하셨다. 그리고 어느 날, 도무지 이해되지 않았던 사건들까지도 하나님의 섬세한 훈련의 하나였음을 깨닫게 하셨다. 그때는 힘들었고 이해되지 않았지만 지금에 와서 보면 알 수 있다. 그 모든 순간이 하나님께서 나를 다듬으시고 세우시는 과정이었음을. 내 눈물의 기도가 헛되지 않았고, 나의 아픔까지도 하나님은 그분의 도구로 사용하셨다.

지금도 나는 여전히 하나님의 훈련을 받고 있다. 상황은 다르지만 원리는 같다. 하나님은 끊임없이 나를 연단하시고, 나를 통해 그분의 더 큰 그림을 한 줄 한 줄 그려가고 계신다. 나는 그 하나님의 손끝에 붙들린 연필이고, 그분은 내 삶 위에 복음의 선을, 은혜의 선을, 그리고 사랑의 선을 천천히 그러나 분명하게 그려가고 계신다.

가슴에 품은 길 하나

나는 고등학생이 되면서부터 내 지난 이야기를 입 밖에 꺼내지 않았다. 학교 친구들 앞에서도, 교회에서도, 그 누구에게도 말하지 않았다. 특히 교회 사람들은 내가 어떤 중학생이었는지 전혀 모른다. 그들에게 나는 그저 성실하고 믿음 좋은 학생일 뿐이었다. 매주 빠짐없이 예배에 참석하고 봉사도 성실히 하고 말썽 한 번 부리지 않는 모습에 사람들은 자연스레 그런 이미지를 나에게 부여했다.

토요일이면 수업이 끝나자마자 교회로 향했다. 교회 마당을 쓸고 예배당을 정리하고, 권사님이 차려주신 따뜻한 밥을 먹고 난 오후에는 학생 예배에 아직 나오지 않은 친구들을 찾아가 전도하곤 했다. 반복되는 일이었지만 이상하게 그 일상이 익숙하고 편안했다. 누가 시켜서 하는 것도, 누가 보기에 좋은 사람이 되기 위해 하는 것도 아니었다. 그저 '이것이 나다'라고 여길 수 있는, 신앙 안의 하나의 리듬 같았다.

고등학교 2학년이 되었을 무렵에도 상황은 비슷했다. 사람들은 내게 "믿음이 깊다", "하나님 잘 믿는 학생이다"라고 말했고, 나는 그런 말을 들을 때마다 조용히 웃으며 고개를 끄덕였다. 과거 이야기를 꺼낼 필요는 없다고 스스로 판단했던 것 같다. 이미 새로운 삶을 살고 있었고, 사람들은 나를 믿음 좋은 사람으로 보고 있었으며, 나는 그 안에 안주했다.

그러던 어느 날이었다. 전도하러 갔던 친구 집에서 돌아오는 길, 이상하게도 마음 한구석이 뻥 뚫린 듯 허전했다. 그 틈을 타고 문득 한 가지 질문이 떠올랐다. 나는 조용히 그러나 진심을 담아 나 자신에게, 그리고 하나님께 물었다. "앞으로 나는 뭘 하며 살아야 할까? 하나님, 저는 무엇을 해야 하나요? 지금 제가 하고 싶은 건…복음을 전하는 일이에요. 앞으로도 이 일을 계속하고 싶은데, 그러려면 저는 어떻게 살아야 하나요?"

하지만 그때는 '복음을 전하는 일'이 구체적으로 무엇인지 알지 못했다. 그저 누군가에게 예수님 이야기를 전하고, 교회에 함께 가자고 권하며, 그 사람과 예배당에 함께 앉아 있는 그 시간이 좋았을 뿐이었다. 고등학교 생활을 이어가며 나는 조금씩 깨달아갔다. 공고에 다니며 실습과 기술 수업을 받았지만 그것은 내 적성이 아니었다. 전기를 만지는 순간보다 성경을 들고 누군가의 마음 앞에 서는 순간이 내게 더 생생한 의미를 주었다.

그래서 나는 결심했다. '공부를 해서 대학에 가야겠다.' 기술이 아니라 말씀과 복음으로 살아가는 길을 택하고 싶었다. 시간은 흐르고, 고3이 되었다. 학력고사를 마친 뒤 '이제 나는 어디로 가야 하지?' 하는 물음 앞에 다시 섰다. 답을 찾기 위해 목사님을 찾아가 상담을 받자 목사님은 망설임 없이 이렇게 말씀하셨다. "그럼 넌 신학대학에 가야 해."

나는 그때 처음 알았다. 복음을 전하는 삶, 목회의 길을 가려면 신학대학을 나와야 한다는 것을. 그때까지 나는 교회 생활을 오래 한 것도 아니었고, 신학이라는 단어조차 생소했다. 그러나 그 단어는 내 마음속 깊이 박혔다. '그래, 이게 내가 걸어가야 할 길이구나.'

신학대학에 지원하고 합격한 그 순간, 곧장 고향으로 달려갔다. 신앙에 대해 달가워하지 않았던 어머니 앞에 처음으로 '내 인생의 뜻'을 꺼내 놓기 위해서였다. 어머니 앞에 무릎을 꿇고 말했다. "어머니, 저는 지금까지 어머니 뜻을 어긴 적이 한 번도 없었어요. 하지만 이번만큼은 제 인생이 걸린 문제입니다. 신학대학에 가서 목회를 하고 싶어요. 그러니 어머니께서 허락해 주셔야 합니다."

어머니는 한참 동안 나를 바라보셨다. 그러더니 고개를 돌리며 마치 감정을 감춘 듯 무심하게 말씀하셨다. "네 인생이니까 네가 알아서 해라. 하지만 등록금은 못 해준다." 그 말은 단호했고, 차가웠다.

하지만 그 뒤에 이어진 장면은, 지금도 내 가슴을 뭉클하게 만든다. 며칠 뒤, 등록 마감일 전날이었다. 어머니는 아무 말 없이 두툼한 회부대 종이에 감싼 대학등록금을 내 손에 쥐어 주셨다. 돈을 건네는 손길은 거칠었고, 말투는 여전히 냉랭했다. "이건 첫 번째니까 해주는 거다. 다음부터는 네가 알아서 해라."

돈을 받아들고 집을 나서는 순간, 내 마음에는 말로 표현할 수 없는 책임감이 자리 잡았다. '이제부터는 내가 책임져야 한다.' 신앙의 길은 결코 부모의 지원이나 환경에 기댈 수 없다는 것을, 그날 어머니의 손길이 알려주었다.

나는 40분을 걸어 시내버스를 탔다. 홍성에서 열차를 타고 천

안으로, 그리고 다시 대전까지 가야 신학교에 도착할 수 있었다. 직행이 있긴 했지만 자주 있는 게 아니어서 이렇게 복잡한 여정을 감수해야 했다. 종이에 감싼 돈을 품에 꼭 안고 가는 길은 한 걸음 한 걸음이 긴장의 연속이었다. 누가 내 옆에 앉기라도 하면 나는 가방과 가슴을 거듭 확인했고, 혹시 돈을 잃어버리면 어쩌나 하는 불안이 한시도 떠나지 않았다.

그때, 불현듯 말씀이 떠올랐다. "네 보물 있는 그곳에 네 마음도 있느니라." 정말 그랬다. 내 마음은 품속의 돈에 따라 움직이고 있었다. 그것은 난지 지폐가 아니라 나의 미래와 책임, 믿음의 첫걸음이 담긴 상징이었다.

몇 번의 환승 끝에 드디어 학교에 도착했고, 나는 등록을 마쳤다. 가슴속에 눌려 있던 긴장이 풀리며 묵직한 안도감이 밀려왔다. '이제 시작이구나.' 쉽지 않았지만 그 길 위에는 분명 하나님이 함께하고 계셨다. 그리고 그 첫걸음을 지금도 나는 잊지 않는다. 하나님은 그렇게 모든 시작을 믿음으로 걷게 하시는 분이셨다.

그 새벽, 페달 위에 남긴 하나님의 흔적

신학교 1학년 때였다. 혼자 버스를 타고 낯선 시골 마을을 지나고 있었다. 창밖으로 펼쳐진 풍경은 평화로워 보였지만 무언가 허전한 느낌이 스쳐갔다. 문득 마을 어귀에 교회 하나 없이 조용히 자리한 작은 마을이 눈에 들어왔다. 그 순간 내 안에서 말도 안 되게 자연스럽게 이런 질문이 올라왔다.

'하나님, 제가 저곳에서 목회해야 하나요? 저 마을이 제가 가야 할 곳인가요?' 신학교를 갓 입학한 1학년, 아무것도 이룬 것도 없고, 배운 것도 없던 시절 교회가 없는 마을을 지나칠 때면 '내가 저곳에 가야 하지 않을까…. 하나님이 보내시려는 건 아닐까…' 하는 생각이 찾아오곤 했다. 단순한 상상이 아니라 마치 하나님께서 조용히 속삭이시는 듯 감동이 있었다. "네가 가서 교회를 세워라." 그 이후 신학교 생활을 하면서 내 마음은 조금씩 확신으로 기울어갔다.

당시 개척교회는 사역자가 많이 부족한 상황이었다. 교회마다 사람이 필요했고, 일손이 모자랐다. 그래서 나는 신학교 1학년 때부터 교회에서 주일학교 교사로 섬기기 시작했다. 작은 교회였지만 아이들이 있었고, 말씀을 기다리는 눈망울들이 있었다. 그 섬김이 이어지면서 2학년이 되었을 때 나는 전도사로 임명되었다. 이제는 단순히 교사 역할을 넘어, 말씀을 전하고 기도회를 인도하며 작은 교회를 이끄는 사역의 일부분을 감당하게 되었다.

나는 학비와 생활비를 스스로 감당해야 했다. 그래서 자연스럽게 아르바이트를 시작하게 되었고, 내 하루는 언제나 새벽같이 시작되었다. 그 시절 나는 대전 시내를 누비며 우유 배달을 했다. 처음에는 자전거를 탔다. 새벽 공기를 가르며 페달을 밟을 때마다 차가운 바람이 얼굴을 스쳤고 신기하게도 피곤함보다는 살아 있다는 감각을 더 또렷하게 느끼게 했다. 정신이 또렷해졌고, 바퀴 굴러가는 소리와 함께 마음속에는 기도가 흘렀다. 얼마 후 영업소에서 오토바이를 지급해 주었고 덕분에 더 빠르고 멀리 배달할 수 있게 되었다.

그러나 새벽을 깨워 우유를 배달하는 것으로는 생활비를 모두 감당하기에 턱없이 부족했다. 그래서 나는 영업사원으로 나서기로 결심했다. 우유를 더 많이 팔면 수입도 늘어난다는 말을 들었을 때 불꽃이 일었다. '해보자. 내가 직접 고객을 확보하자.' 하지만 현실은 생각만큼 쉽지 않았다. 낯선 곳에 들어가 문을 두드리고 처음 보는 사람에게 말을 거는 일은 한두 번은 할 수 있어도 매일 반복하자니 마음이 지쳤다.

그때마다 나는 기도했다. 영업에 나서기 전, "하나님, 어디로 가야 할까요?" 마치 길을 묻듯이, 오늘 만나야 할 사람을 찾듯이 기도하며 발걸음을 내디뎠다. 그러면 이상하게도 마음속에 선명한 감동이 찾아왔다. "다방에 가봐." 그 감동을 따라 무작정 문을 열고 들어갔다. 그리고 이렇게 말했다. "안녕하세요. 저는 대학생인데요, 우유를 배달하고 있습니다. 혹시 우유가 필요하시면 제 제품을 써주시면 감사하겠습니다." 놀랍게도 대부분의 다방 주인들은 웃으며 고개를 끄덕였다. "그래요, 대학생이구먼. 응원할게요." 그들은 잔에 따라 파는 우유에 그리 브랜드를 따지지 않았다. 선택은 오롯이 그들의 마음에 달려 있었고, 내 진심과 성실함이 그 마음을 열었다.

슈퍼마켓에서도 마찬가지였다. 내가 대학생이라는 사실을 전하면 사장님들은 기존 브랜드의 우유를 내려놓고 내 우유를 진열해 주시곤 했다. 그들의 격려와 응원 속에서 나는 매일 살아갈 용기를 얻었다. 우유 판매량이 늘어나고, 납품처가 점점 늘어날 때마다 나는 내 손의 수고가 아니라, 하나님의 은혜가 내 삶 위에 덧입혀지고 있다는 것을 분명하게 느낄 수 있었다.

그 모든 하루의 수고와 땀방울 위에 하나님은 지혜를 주셨고, 사람의 마음을 움직이셨으며, 내 삶이 단지 생계를 위한 여정이 아닌 훈련과 믿음의 시간이 되게 하셨다. 그 시절 나는 분명 고되고 바빴지만 내 믿음의 뿌리는 바로 그 새벽의 페달질과 기도 속에서 깊이 내려가고 있었다.

방학이 되면 나는 도시를 벗어나 농촌 지역으로 발걸음을 옮기곤 했다. 농촌에서는 바빠서 가게에 들르지 못하는 사람이 많았고, 특히 농번기에는 하루 종일 논밭에서 일하느라 생활용품이나 식료품을 사러 갈 시간조차 없었다. 나는 그 틈을 비집고 들어갔다. 대학생이 직접 판매하러 왔다는 사실 하나만으로도 농촌 어르신들의 얼굴에는 따뜻한 미소가 피어났다. 그들은 내 말에 귀를 기울여 주었고, 필요한 물건을 기꺼이 구입해 주었다. 물건을 사고 응원의 말까지 더해주는 그 따뜻함에 종종 가슴이 뭉클해지곤 했다.

때로는 건설 현장에도 나갔다. 무거운 돌을 나르고 시멘트를

섞고 나무를 나르는 막노동이었다. 햇볕 아래에서 땀이 비처럼 흐르고, 손바닥이 까지고, 허리에는 고된 짐의 무게가 그대로 내려앉았다. 몸은 아팠지만 마음만은 묘하게 단단해졌다. 고된 하루를 마치고 돌아가는 길에는 '나는 오늘도 무너지지 않았다'는 자부심이 마음 한편에 자리 잡았다.

그렇게 우유 배달로 하루를 열고, 영업을 뛰고, 농촌을 돌고, 현장 일을 하며 신학교 시절을 차곡차곡 채워갔다. 몸은 늘 지쳐 있었지만 그 시간들은 결코 허무하지 않았다. 고된 하루하루는 모두 하나님의 손길이 닿아 있는 훈련장이었고 교실이었다. 어떤 날은 녹초가 된 몸을 간신히 끌고 교회 기도실에 앉았다. 기도도 제대로 나오지 않을 만큼 피곤했지만 그 침묵조차 하나님은 들어주셨다. 또 어떤 날은 뜻밖의 한 마디인 "힘내요, 젊은이"가 내 마음에 햇살처럼 스며들기도 했다.

돌이켜보면, 그 시절은 단지 학비와 생활비를 벌기 위한 시간이 아니었다. 그것은 나를 연단하고 다듬으신 은혜의 시간이었다. 사람들과 부대끼며 세상을 배우고, 낯선 이의 손길 속에서도 하나님의 섭리를 느끼며 나는 점점 더 깊이 있는 사람, 더 단단한 사역자로 빚어지고 있었다. 그리고 그 모든 시간에 하나님은 조용히 함께하고 계셨다. 땀과 기도와 눈물로 채워진 그 시간은 지금도 내 삶에서 가장 빛나는 하나님의 흔적으로 남아 있다. 어떤 화려한 성취보다도 더 값진 기억이며, 지금의 나를 만든 복음의 씨앗들이 자라난 땅이었다.

하나님,
군종병이 되게 해주세요

2학년을 마치고 나는 1985년에 휴학을 결심했다. 경제적으로 힘든 시기였다. 매일 새벽 우유 배달로 하루를 시작했고, 방학이 되면 어김없이 막노동 현장에 나가 땀을 흘리며 일당을 벌었다. 때로는 좀약 같은 생필품을 들고 돌아다니며 팔기도 했다. 생활은 거칠었지만 내 안의 믿음은 점점 단단해져 갔다. 그러던 어느 날, 함께 신학을 공부하던 형이 내게 말을 건넸다.

"신정아, 군대 가면 훈련만 받는 게 아니야. 군종병이라는 게 있어. 그 사람은 목사님 밑에서 교회 일을 해. 너 그길 위해 기도해 봐라." 그 말은 마음속에 깊은 울림으로 남았다. 군대에서도 하나님을 섬길 수 있다니! 27개월이라는 시간이 단지 국방의 의

무뿐만 아니라 전도사처럼 사역할 수 있는 귀한 시간이 될 수 있다는 말에 가슴이 두근거렸다. 그 자리에서 이미 나는 결심했다.
'하나님, 저 군종병이 되고 싶습니다.'

그때부터 내 삶의 중심에는 하나의 기도가 자리 잡았다. '하나님, 군대에 가서 교회 사역 하게 해주세요.' 새벽 우유 배달을 마치고 앉아 쉴 때도, 무거운 자재를 들고 흙먼지를 뒤집어쓴 막노동판에서도 내 입술은 조용히 그 기도를 되뇌었다. 몸은 지쳐 있었지만 마음은 살아 있었다. 하나님은 기도를 통해 나를 붙드시고, 나의 길을 준비하게 하셨다.

그리고 8월, 드디어 훈련소에 입대하게 되었다. 5주간의 훈련은 육체적으로 고되었지만 나는 끊임없이 하나님께 기도했다. "주님, 군종병으로 써주세요. 저를 주님의 자리로 보내주세요."

훈련이 끝나갈 무렵, 조교들이 말했다. "여기서 기차를 타고 올라가면 전방, 내려가면 후방이다." 순간, 내가 서 있는 방향을 살폈다. 그리고 알게 되었다. 나는 하행선에 서 있었고, 후방으로 배치될 예정이었다. 그날 밤, 기차에 몸을 싣고 나는 남쪽으로 내려갔다. 종착지는 송정역. 도착해보니 자정을 훌쩍 넘은 시각이었다. 그 어둠 속에서 버스를 타고 또 이동했고, 나는 사단 본부에서 잠시 대기하게 되었다. 그 사단에는 세 개의 연대가 있었고, 하나님의 인도하심 아래 나는 전남 강진에 위치한 어느 연대로 최종 배치되었다.

며칠 후, 어느 병장이 신병들을 데리러 왔다. 그는 첫인사도 간단히 넘기고 곧장 말했다. “야, 너희들 소원 있냐?” 신병들은 들뜬 목소리로 하나둘 자신의 소원을 말했다. “집에 전화 한번 하고 싶습니다!” “PX에서 과자 좀 사 먹고 싶습니다!” 모두가 소박한 소망을 내놓았다.

하지만 나는 말이 없었다. 병장의 눈길이 내게 머물렀다. “너는? 소원 없어?” 잠시 망설였다. 전화할 가족도, 기다리는 사람도 없었다. 고향 마을에 공중전화가 있긴 했지만 누군가가 받아줄 거란 보장도 없었다. 굳이 말해야 할까? 나는 고개를 숙인 채 대답했다. “소원 없습니다.”

병장은 의아한 듯 고개를 갸웃하며 다시 물었다. “왜 소원이 없어?” 그 순간, 마음속에 잊고 있던 간절함이 스치고 지나갔다. 얼른 고개를 들고 말했다. “아! 있습니다!” 병장은 눈빛을 반짝이며 물었다. "뭔데?"

나는 조심스럽게 입을 열었다. "제가 가는 부대에 교회가 있는지 궁금합니다. 그게…제 소원입니다." 병장은 잠시 생각하더니 고개를 저으며 말했다. "그 부대엔 교회 없어." 그 말을 듣는 순간, 마치 누군가 가슴을 세게 내려치는 듯한 충격이 밀려왔다.

'하나님…그렇게 기도했는데, 정말 아무 일도 일어나지 않는 건가요?' 마음이 텅 빈 것처럼 느껴졌다. 나는 힘없이 말했다. "그럼…소원 없습니다." 병장은 나를 힐끔 보며 농담하듯 말했다. "야, 너는 소원이 있다 없다 하냐? 너 교회 다녀?" 나는 조용히 고개를 끄덕였다. 병장은 잠시 말이 없더니 입을 열었다.

"근데 말이야, 교회는 없는데…한 달 전에 군 목사님이 부대에 오셨다더라." 그 순간 내 안에서 꺼졌던 희망이 다시 불붙기 시작했다. 군목이 왔다는 건 예배가 시작된다는 뜻이고, 예배가 있다는 건 교회가 세워진다는 이야기이지 않은가? 가슴이 두근거렸다.

나는 달라진 눈빛으로 다시 병장을 바라보며 말했다. "그럼…이제 소원이 생겼습니다." 병장이 웃으며 물었다. "이번엔 또 뭔데?" 나는 그를 똑바로 바라보며 천천히 말했다. "목사님께 꼭 전해주세요. '침례신학대학 2학년을 마치고 온 강신정 이병이 있다고요.' 그게 제 소원입니다."

병장은 어이없다는 듯 웃음을 터뜨렸다. "야, 그게 무슨 소원이냐?" 나는 단호히 대답했다. "그게…제 소원입니다. 꼭 전해주세요." 병장은 잠시 나를 바라보다가 고개를 끄덕였다. 농담 같기도 했지만 그 안엔 묘한 존중이 담겨 있었다. "알았다, 알았어. 꼭 전해줄게."

그 순간 나는 알았다. 하나님은 나의 기도를 잊지 않으셨다는 것을. 그리고 조용히, 그러나 분명하게 길을 열어가고 계신다는 것을. 그 말 한마디, "군 목사님이 오셨다더라"라는 말이 내게는 하나님이 하신 '내가 너를 보고 있다'라는 응답이었다.

월요일, 부대에 도착한 나는 15중대로 배치되었다. 낯설고 긴장된 분위기 속에서 며칠간 기본 훈련을 받으며 하루하루를 보내고 있었다. 그렇게 맞이한 금요일, 연병장에서 다른 병사들과 함께 땀을 흘리며 훈련을 받고 있는데 멀리서 가슴에 십자가 표시가 보이는 분이 천천히 다가오는 것이 눈에 들어왔다.

"강신정!" 단호하면서도 또렷한 목소리가 들렸다. 나는 얼떨결에 손을 들고 크게 외쳤다. "이병 강신정!" 그분은 곧장 내 앞까지 오셔서 나를 잠시 뚫어지게 바라보시더니 짧고도 강하게 말씀하셨다. "내가 목사야." "…예?" "나 침례교 목사야."

그 순간, 내 심장이 쿵 하고 내려앉았다. 기도했던 모든 시간들이 그 순간 하나로 이어지는 듯했다. 하나님께서 '지금이다' 하시며 내 기도에 응답하시는 현장을 직접 마주한 기분이었다. 목사님은 중대장님께 나를 데려가겠다고 말씀하셨고, 내 손을 붙잡고 사무실로 향하셨다. 그곳은 군종병 사무실이었다. 목사님은 나를 앉히시고 조용히 말씀하셨다. "강 이병, 널 군종병으로 세우려고 한다."

순간, 놀람과 기쁨이 동시에 밀려왔다. 하지만 곧이어 현실적인 걱정이 따라왔다. '내가? 이등병인데? 아무 경험도 없는데? 설마….' 불안은 곧 현실이 되었다. 목사님이 연대장님께 나를 군종병으로 추천하자 연대장님의 답은 단호했다. "이등병은 일을 못하니 상병이나 경험 많은 병사들 중에서 찾으세요. 강신정 이병은 안 됩니다."

나는 조용히 듣고만 있었다. 사실 예상한 결과였다. 내 안에는 묘한 아쉬움과 죄송함이 자리 잡고 있었다. '목사님이 너무 무리하시는 건 아닐까?' 그러나 목사님은 쉽게 물러서지 않으셨다. 끝까지 나를 고집하셨고, 결국 연대장님과의 갈등이 커지기 시작했다. 갈등 끝에 목사님은 결국 공군 부대로 자리를 옮기기로 하셨다.

떠나시기 전, 마지막으로 내게 이렇게 말씀하셨다. "내가 가더라도 넌 군종병으로 세워졌으니 여기서 사역을 이어가라." 그렇게 목사님은 떠나셨고, 나는 남겨진 자리에서 군종병의 삶을 시작했다.

처음에는 두려웠다. 내가 감당할 수 있을까? 설교를 하고 찬양을 인도하고 병사들을 이끌어 예배를 드린다는 게 과연 가능한 일일까? 그러나 나는 마음을 다잡고 말했다. "굳이 밖에 나가지 않아도 돼. 여기서 같이 예배드리자." 놀랍게도 병사들이 하나둘씩 모여들었다.

함께 찬양하고 말씀을 나누며 예배드리는 그 시간은 내가 꿈꾸던 바로 그 장면이었다. 신학교 2학년을 마치고 온 이등병이 군대에서 설교를 하고 예배를 인도하고 있다는 사실이 때로는 스스로도 믿기지 않았다. 하지만 나는 분명히 깨달았다. 하나님은 경험이 많고 강한 자가 아니라 자신을 내어드린 연약한 자를 통해 일하신다는 것을. 그리고 그 연약함 속에서 하나님은 나를 진정한 목회자로 다듬고 계셨다.

군종병의 삶은 그저 '특별한 복무 형태'가 아니었다. 그건 하나님의 부르심과 훈련이 맞닿은 거룩한 제단이었다. 그곳에서 나는 비로소 사역자로서 첫걸음을 내디뎠다.

건빵으로
세워지는 주일 교회

부대에서 전도한다는 것은 생각보다 훨씬 어렵고 제한받는 일이었다. 군대는 외부인 출입이 철저히 통제되는 곳이고, 부대 안에서도 복음의 메시지가 자유롭게 전달되기는 쉽지 않았다. 함께 예배를 드릴 수 있는 병사들은 있었지만 그 이상의 사역, 즉 외부를 향한 선교의 확장은 철저히 막혀 있었다.

하지만 나는 포기하지 않았다. 하나님께서 다른 길을 열어 주실 거라는 믿음으로 기도를 멈추지 않았다. 그리고 어느 날, 하나님은 부대 밖의 작은 산골 마을로 내 시선이 향하게 하셨다. 그 마을은 조용하고 한적했지만 교회가 없었다. 게다가 마을 곳곳에 초등학생 아이들이 꽤 많았다. 아이들의 해맑은 웃음과 맨발로 뛰어다니는 모습에서 나는 하나님의 마음을 느꼈다. '이 아이들에게 복음을 전할 수는 없을까? 이 아이들이 함께 교회에서 예배드릴 수 있다면 얼마나 좋을까?' 그런 마음이 불처럼 타오르기 시작했다.

그러나 문제는 현실적인 장벽이었다. 아이들을 부대 안으로 데려오는 일은 생각 이상으로 복잡했다. 외부인 출입은 허가가 필요했고, 특히 미성년자인 아이들이 군부대 안에 들어오는 일은 전례도, 기준도 없는 일이었다. 그때, 우연히 한 가지 정보를 듣게 되었다. 연대장님의 사모님이 신실한 집사님이라는 사실이었다. 하나님께서 기회를 주신 것이라는 확신이 들었다. 기도 끝에 용기를 내어 조심스럽게 사모님께 말씀드렸다.

"사모님, 제가 마을 아이들을 전도해서 교회로 데려오고 싶습니다. 부대 안에 예배당이 있으니, 아이들이 함께 와서 예배를 드릴 수 있도록 연대장님께 허락을 구해주실 수 있으실까요?"

사모님은 내 진심 어린 요청을 귀담아 들으셨고 내게 따뜻한 미소로 화답하셨다. 그리고 직접 연대장님께 이 이야기를 전해 주셨다. 놀랍게도 연대장님께서는 흔쾌히 허락해 주셨다. 소식을 들은 순간, 나는 속이 뻥 뚫리는 해방감을 느꼈다. 기도가 응답된 것이다. 그토록 원했던, 부대와 마을을 잇는 복음의 다리가 현실로 세워진 것이다. 그때부터 나는 본격적으로 마을로 나가기 시작했다.

마을에서 전도하는 일은 쉽지 않았다. 아이들에게 복음을 전하고 싶었지만 어떻게 다가가야 할지, 어떻게 마음의 문을 열게 할 수 있을지 고민이 컸다. 그러던 중, 문득 떠오른 것이 있었다. 바로 건빵. 군인들에게는 익숙한 간식이지만 아이들에게는 신기하고 재미있는 간식일 수 있겠다는 생각이 들었다.

나는 곧바로 연대장님 사모님이신 집사님께 다가가 간절히 부탁드렸다. "집사님, 혹시 건빵을 조금만 나눠 주실 수 있을까요? 이 건빵으로 아이들에게 전도하고 싶습니다." 잠시 망설이시던 집사님은 나의 진심을 읽으셨는지 곧 미소를 지으며 고개를 끄덕이셨다. 그리고 내 품에 건빵 한 박스를 안겨 주셨다. 나는 그 건빵을 들고 결심했다. '이 건빵으로 아이들의 마음을 얻고, 복음을 전하고 말겠다.'

마을로 돌아가자 아이들이 하나둘씩 내 주변으로 모여들었다. 나는 조심스럽게 건빵을 건네며 자연스럽게 말을 걸었다. "주일에 부대 안에서 교회가 열려. 너희가 오면 맛있는 간식도 주고, 재미있는 이야기, 좋은 노래도 많이 들려줄 거야." 건빵을 손에 쥔 아이들의 눈이 반짝였다. 그리고 그 작은 초대는 곧 복음의 문을 여는 열쇠가 되었다.

그렇게 시작된 주일학교는 예상보다 큰 반향을 일으켰다. 처음에는 몇 명 안 되는 아이들이 찾아왔지만 곧 마을의 거의 모든 초등학생이 부대 안으로 들어와 함께 예배를 드리게 되었다.

무려 60여 명. 아이들의 맑은 찬양 소리, 교회에 울려 퍼지는 웃음소리. 군대라는 엄숙한 공간 안에 펼쳐진 작은 천국이었다. 그 주일학교는 단순히 아이들을 모아놓는 자리가 아니었다. 나는 그 안에서 하나님이 내게 주신 사명의 실체를 보게 되었다. 그래서 점차 더 큰 그림을 그리기 시작했다.

성경학교. 아이들을 전도하는 것을 넘어 그리스도의 사랑을 깊이 심어 주는 시간, 그들을 하나님의 자녀로 세워가는 과정이 필요하다고 느꼈다.

그러던 중, 광주 중앙장로교회에서 여름성경학교 교사 강습회가 열린다는 소식을 듣게 되었다. 군대라는 환경 안에서 혼자 감당하는 사역에 한계를 느끼던 나는 더 전문적인 교육과 사역자들과의 교제가 절실했다. 연대장님의 허락을 받아 강습회에 참석할 수 있었고, 그곳은 내게 또 하나의 전환점이 되었다. 단순한 교육이 아니었다. 아이들의 마음을 여는 방법, 성경을 재미있고 깊이 있게 가르치는 기술, 그리고 사역자로서의 마음가짐을 새롭게 다잡는 시간이 되었다. 무엇보다 큰 위로가 되었던 것은 그곳에서 만난 동역자들이었다. 각자의 자리에서 동일한 마음으로 사역하는 교사들과 함께 나눈 이야기, 기도, 격려…. 그 모든 것이 내게 힘이 되었고, 나 혼자가 아니라는 마음을 느끼게 해주었다.

군대라는 곳은 자유롭지도 풍족하지도 않은 특수한 환경이다. 그러나 하나님은 그 속에서도 나를 훈련시키시고 사용하셨다. 아이들이 예수님의 이름을 부르고 찬양하며 손을 들고 기도하는 모습을 보며 나는 수없이 많은 밤, 감사의 눈물을 흘렸다. 주일학교, 성경학교, 매일의 기도와 섬김…. 그 모든 것은 하나님께서 나를 목회자로 준비시키시는 과정이었다.

군대에서 보낸 시간은 고되고 버거웠지만 돌아보면 그 시간만큼 나를 깊이 있게 변화시킨 시절은 없었다. 나는 군종병으로서의 사명을 끝까지 감당했고, 제대를 앞두고 내 마음속에 품은 고백은 이것 하나뿐이었다.

'하나님, 이제 어디든 보내주십시오. 이 땅 어디에라도, 복음을 기다리는 영혼이 있다면 제가 가겠습니다.' 그때의 훈련은 지금도 내 안에서 살아 있다. 그때의 기도는 지금도 내 사역의 뿌리로 남아 있다. 그리고 앞으로도 그 은혜의 흐름은 계속될 것이다.

그 사람은 기도 끝에 왔다

나는 장로교 교회 협의회가 개최하는 광주와 전남 지역의 성경학교 강습회에 참석하고 있었다. 강습회가 한창이던 어느 날, 예기치 못한 순간에 어느 장로님이 다가오셔서 조심스럽게 말씀하셨다. "자네에게 좋은 자매를 소개해 주고 싶네."

순간 머릿속이 멍해졌다. 결혼에 대해 전혀 생각하지 않았던 건 아니었다. 신학교 생활에서도, 군종병으로 사역하면서도 하나님께서 동반자를 예비하고 계실 거라는 희망은 늘 마음속에 있었다. 하지만 내가 걸어가는 길은 결코 쉬운 길이 아니었다. 사역의 현실은 고되고, 개척교회를 향한 비전은 무모해 보이기도 했다. 그래서 그 길을 함께 걸을 사람이 어떤 사람이어야 할지 오랫동안 고민해 왔다. 막연한 기대만으로 결혼을 말할 용기가 나지 않았다.

그런데 장로님의 진지한 제안 앞에서 문득 이런 생각이 들었다. '혹시 이것도 하나님께서 예비하신 한 조각은 아닐까?' 그 생각이 드니 마음이 조금씩 움직이기 시작했다. 그래서 나는 조심스럽게 내 마음속의 기준을 말씀드리기로 결심했다.

"장로님, 제가 감히 이런 말씀 드려도 될지 모르겠지만 저에게는 몇 가지 분명한 조건이 있습니다." 장로님은 고개를 끄덕이며 내 말을 진지하게 들으셨다. 그 모습에 안도감이 들었고, 나는 하나씩 내 마음의 기준을 털어놓기 시작했다.

"첫째, 저는 신학교를 졸업하면 반드시 개척교회를 해야 합니다. 사역의 길이 결코 쉽지 않기 때문에 저와 함께할 자매는 피아노 반주가 가능해야 합니다. 개척교회에 반주자가 없으면 예배 인도조차 어렵기 때문입니다."

장로님은 그 말에 미소를 지으며 고개를 끄덕이셨다. 나는 용기를 내어 두 번째 조건을 말했다.

"둘째, 저희 가정에는 신앙인이 없습니다. 믿음의 뿌리가 약한 가정에서 자랐기 때문에, 제 아내는 장로님 가정처럼 신앙의 뿌리가 깊은 가정에서 자란 사람이었으면 합니다. 그런 믿음이 있어야 제가 걸어가는 사역의 길을 이해하고 함께 기도할 수 있으니까요."

말을 마치자 잠시 정적이 흘렀다. '혹시 내 말이 너무 까다롭게 들렸나…?' 하는 생각이 스쳤다. 하지만 나는 그 기준이 단순한 조건이 아니라 하나님 앞에서 인생을 함께 걸어갈 동역자에 대한 진심이라는 것을 알고 있었다. 장로님은 이내 고개를 끄덕이며 말씀하셨다. "자네 생각을 존중하네. 하나님께서 자네에게 맞는 사람을 분명히 준비해 놓으셨을 것이네. 그 믿음으로 기도하며 기다리게." 그 말씀을 듣고 마음이 놓였다.

그날 이후 나는 마음을 다잡았다. 하나님께서 예비하신 사람이 반드시 있을 것이라는 믿음을 품고 그분의 때를 기다리기로 했다. 그날 저녁, 나는 깊은 생각에 잠겼다. 신학교에 다니며, 그리고 군대에서 전도의 사명을 감당하며 하나님이 주신 길을 걸어가고 있었지만 마음 한구석은 여전히 비어 있었다. 그 허전함은 단순한 외로움이 아니었다. 그것은 분명한 사명의 동반자에 대한 갈망이었다. 함께 예배하고 함께 기도하고 함께 하나님 나라를 세워갈 사람, 사역의 길을 홀로 걷는 것이 아니라 믿음의 길을 함께 동행할 사람이 필요했다.

나는 다시 한 번 마음속에 품고 있던 기도의 목록을 떠올려 보았다. '하나님을 함께 예배할 수 있는 사람. 신앙의 뿌리가 깊은 가정에서 자란 사람. 무엇보다 기도하는 사람. 내 부족한 부분을 따뜻하게 채워 줄 수 있는 사람.' 외모나 배경은 중요하지 않았다. 그저 하나님께서 준비하신 사람, 그 한 사람을 간절히 바랐다. 그날 밤, 조용한 침묵 속에서 간절히 기도했다. "하나님, 저에게 필요한 사람을 준비해 주세요. 그리고 그 사람을 만날 수 있도록 인도해 주세요."

기도를 마치자 마음이 한결 가벼워졌다. 하나님께서 내 삶의 모든 부분을 주관하시고, 내가 진정 필요로 하는 것을 모두 채워 주실 것이라는 확신이 깊이 자리 잡았다. 언젠가 하나님께서 허락하신 그 사람이 내 곁에 나타난다면 우리는 함께 기도하며 서로를 세워 주고, 하나님께서 기뻐하시는 아름다운 가정을 이루어 갈 수 있을 것이라는 소망이 생겼다.

며칠 후, 장로님이 나를 다시 찾아오셨다. "기도하며 고민한 끝에 자네에게 어울릴 만한 사람을 찾았네." 장로님의 목소리에서는 차분하면서도 따뜻한 신뢰감이 묻어났다. 장로님은 평소에도 교회의 모든 일에 신중하셨고, 사소한 일조차 반드시 기도하며 숙고하시는 분이었다. 그 장로님이 기도하며 내게 소개해 주신 자매가 지금의 아내가 되었다.

아내와의 첫 만남은 조금 어색하고 서툴렀다. 그러나 시간이 흐를수록 우리는 서로를 깊이 이해하게 되었고, 무엇보다도 같은 신앙과 비전을 가진 사람이라는 확신이 뚜렷해졌다. 나는 군 복무 중이었지만 교제를 지속하며 편지와 기도로 서로의 믿음과 신뢰를 차곡차곡 쌓아갔다. 군 복무를 마치고 복학한 1988년, 10월 1일, 내가 스물다섯 되던 해에 우리는 결혼했다. 하나님께서 내 마음에 일찍부터 교회 개척이라는 비전을 주셨기에 결혼을 망설일 이유가 없었다.

지금 돌이켜보면, 아내와의 만남은 결코 우연이 아니었다. 그 만남은 하나님의 아름답고도 섬세한 섭리였음을 확신한다. 우리는 지금도 함께 신앙의 길을 걸으며 교회를 섬기고 이웃을 돌보며 살아가고 있다. 함께 기도할 때마다 하나님께서 우리를 처음 이어주신 그때의 감동이 새롭게 되살아난다.

나중에 아내에게 들은 이야기로는, 처음 나를 보는 순간 마음속에 하나님께서 분명하게 속삭이셨다고 한다.

"저 사람이 바로 네 남편이다."

하나님께서 우리를 이렇게 아름답게 이어 주셨다.

2부

재 위에 피어난 기도

불꽃은 바람을 탓하지 않는다

왜 하나님께서 그렇게 일찍부터 개척의 마음을 주셨을까? 그 답은 내 마음속에 이미 분명히 자리 잡고 있었다. 나는 여러 교회를 방문할 때마다 열악한 환경 속에서도 순수한 신앙을 지키기 위해 애쓰는 사람들을 보았다. 그들의 모습은 내 마음을 깊이 뒤흔들었다. 번화한 도시의 큰 교회들에서는 좀처럼 찾아보기 힘든, 그토록 맑은 믿음을 지켜가는 성도들을 위해 반드시 무언가를 해야겠다는 강력한 사명감을 느꼈다. 특히 교회가 전혀 없는 시골 마을이나 외딴 지역을 지날 때마다 마음속에 불꽃처럼 뜨거운 비전이 솟구쳤다. '이곳에 하나님의 말씀을 전하고, 함께 예배할 수 있는 교회를 세워야 한다!' 이것은 개인적인 열정이나 욕심이 아니라 하나님께서 나의 가슴에 새기신 명백한 부르심이었다.

감사하게도 개척에 대한 소망은 아내에게도 전해졌다. 아내는 처음부터 내 꿈과 사명을 이해했고, 그것을 존중하며 함께 기도하고 준비하는 삶을 살아갔다. 우리는 언제나 같은 비전을 품고 하나님 앞에서 나란히 무릎을 꿇었다. 그렇게 신학대학교 4학년 여름방학이 다가왔다. 전도사로서 사역을 감당하며 공부하는 가운데, 이제는 인생의 중요한 결단을 내려야 할 시점이 되었다는 걸 깨달았다. '이번 여름방학 동안, 하나님께 간절히 기도하며 앞으로의 진로를 명확히 결정해야겠다.' 이 결단과 함께 나의 발걸음은 자연스럽게 조용한 기도원으로 향했다.

내가 섬기던 교회는 대전 대화동에 있는 대화침례교회였다. 증축 공사가 한창 진행 중이었고, 나 역시 교회 일과 신학교 학업으로 정신없이 바쁜 시기였다. 그러나 이제 내 인생의 중요한 결정을 내릴 때임을 깨닫고, 영암산 기도원에서 열흘 동안 금식하며 하나님 앞에 모든 것을 내려놓고 세 가지 간절한 기도제목을 마음 깊이 품고 하나님께 올려드렸다.

첫 번째 기도제목은 어디에 교회를 개척해야 할지 알게 하시기를 바라는 기도였다. 신학대학교에 몸담고 있는 현실이 경제적으로 여유롭지 못했다. 교회에서 제공하는 지원금과 아내가 집에서 피아노를 가르쳐 버는 소득으로 겨우 생계를 유지할 뿐이었다. 그런 상황에서도 마음 깊은 곳에서는 하나님을 위한 사역의 현장, 복음을 전할 땅을 필요로 하고 있었다. '하나님, 제가 어디로 가야 하나요? 어디에서 교회를 개척해야 하나요? 그곳을 알게 해주

세요. 제 삶의 방향을 명확히 제시해 주시옵소서.'

두 번째 기도는 교회 증축 헌금을 드릴 수 있도록 지혜와 힘을 달라는 간구였다. 매일 건축 현장을 보며 무언가 교회에 보탬이 되고 싶어 나는 하나님 앞에서 솔직히 고백했다. '하나님, 제가 무엇을 드릴 수 있을까요? 작은 것이라도 좋으니 제가 교회를 위해 할 수 있는 일이 무엇인지 깨닫게 해주세요.'

세 번째 기도는 나의 가정을 위한 기도였다. 우리 집안은 여전히 오랜 우상숭배 전통에서 벗어나지 못한 채 살아가고 있었다. 그 사실이 늘 마음의 짐이 되었다. 부모님과 형제들이 우상숭배를 당연하게 여기고 있었기에, 나는 가족들의 영혼이 하나님께로 돌아오기를 원하며 기도했다.

'하나님, 우리 가정에 흐르는 우상숭배의 묶임을 끊어 주소서. 부모님과 형제들이 참된 빛, 진리의 길을 볼 수 있도록 도와주소서.'

열흘 동안의 기도는 마치 타오르는 불꽃처럼 뜨겁고 강렬했다. 하나님 앞에서 나의 연약함을 모두 내려놓고, 그분의 인도하심을 간절히 구하며 묵묵히 기다렸다.

논산에서 온 어느 집사님을 만났다. 그분은 기도하러 오셨다가 내 이야기를 듣고 이렇게 제안하셨다. "우리 집에 작은 방이 하나 있는데, 그곳에 세를 내고 들어와서 예배를 드리면 어떻겠습니까?" 순간, 이것이 하나님께서 주시는 응답이 아닐까 하는 생각이 강렬하게 들었다. 나는 이 제안이 결코 우연이 아니라고 느끼고, 그 자리에서 논산에서 개척하기로 마음을 정했다. 개척할 장소를 달라고 그렇게 간절히 기도했는데, 하나님은 전혀 생각지 못한 방법으로 개척의 첫걸음을 내딛게 하신 것이었다.

금식기도를 마치고 기도원 문을 나서던 순간, 말로 표현할 수 없는 신비한 평안과 함께 잔잔한 기대감이 마음에 흘러들었다. 하나님께 드린 세 가지 기도가 어떤 방식으로 응답될지 궁금했고, 하나님께서 예비하신 계획이 무엇일지, 그분의 세밀한 인도하심이 어떠할지 조용히 기대할 수 있었다.

집으로 돌아온 나는 아내와 함께 두 번째 기도제목을 두고 이야기를 나누었다. 우리는 결혼한 지 채 1년도 되지 않았고, 경제적으로 가진 것이 거의 없었다. 그럼에도 불구하고 우리가 섬기던 대화침례교회 건축헌금에 기여하고 싶은 마음만은 간절했다. 결혼할 때 주고받은 예물 반지와 시계, 목걸이가 떠올랐지만 나는 아내에게 그 말을 꺼낼 수 없었다. 그래서 하나님께 다시 기도했다. '하나님, 아내도 저와 같은 마음을 품게 해주세요.'

그런데 놀랍게도 그 말을 꺼내기도 전에 아내가 먼저 조용히 나에게 말했다. 하나님께서 우리 두 사람의 마음을 하나로 묶어 주셨고, 가장 소중한 것까지도 기쁨으로 드릴 수 있도록 인도하셨다.

그리고 추석이 가까워졌을 때였다. 어머니에게서 전화가 걸려 왔다. "이번 명절에는 제사를 지내지 말고, 너희가 하는 대로 예배를 드려 보면 어떨까?" 순간 귀를 의심했다. 예상치 못한 어머니의 말에 내 가슴이 뛰었다. 집안의 우상숭배가 끊어지기를 그렇게 오랫동안 간절히 기도했는데, 어머니가 먼저 이런 말씀을 하신 것이다. 물론 형제들이 모두 어머니의 제안을 흔쾌히 받아들인 것은 아니었다. 그러나 나는 이것이 세 번째 기도의 응답임을 알았기에 용기를 내어 명절 예배를 준비했다.

추석 당일이 되었다. 온 가족이 둘러앉은 자리에서 처음으로 예배를 인도하게 되었다. 가족들과 처음 드리는 예배라 긴장도 되고 떨렸다. 형제 중 몇몇은 불편한 표정을 숨기지 않았고, 낯선 예배 형식에 어색함도 감돌았다. 하지만 나는 차분히 하나님께 기도하며 묵묵히 예배를 이끌었다. 짧은 시간이었지만 하나님께서 분명히 우리 가정 가운데 역사하고 계신다는 확신이 들었다. 하나님께 한 걸음 가까이 다가섰음을 온몸으로 느낄 수 있었다.

동네 사람들의 수군거림을 들을 때마다 얼마나 속상하셨을지 나는 잘 알고 있었다. 그럼에도 어머니는 아들에 대한 사랑으로 나의 선택을 묵묵히 지켜보셨다. 이제는 직접 내게 예배를 부탁하시고, 나의 사역과 삶을 이해하려 애쓰시는 모습에 죄송하고 감사할 따름이었다.

이 변화의 시작에는 막내 여동생의 역할이 컸다. 여동생은 내 대신 어머니께 꾸준히 복음을 전했고, 그 진심과 믿음은 조금씩 어머니의 굳게 닫혔던 마음을 조금씩 열게 했다. 동생의 끈기 있는 전도로 어머니는 서서히 하나님께 마음의 문을 열기 시작하셨다. 결국, 아주 자연스럽게 교회에 발을 내디디셨다. 어머니가 예배에 참석하셨다는 소식을 처음 들었을 때, 인도하신 하나님께 감사했다. 믿기 어려운 변화였고, 기적과도 같은 일이었다. 어머니가 하나님 앞으로 나오신 것이다. 그 순간, 내 안에 있던 모든 두려움과 염려가 눈 녹듯 사라졌다. 하나님께서 우리 가정의 영적 흐름을 완전히 바꾸어 놓으신 것이다. 이렇게 세 가지 기도제목을 다 들어주셔서 감사했다.

비 내리는 날 교회는 눈물로 세워졌다

1989년 8월의 마지막 주, 대화침례교회에서 마지막 예배를 준비하며 마음이 복잡하고 무거웠다. 존경하는 목사님께 인사를 드리고, 하나님께서 우리 부부에게 열어 주신 개척의 길을 따라 논산으로 떠나야 할 때였다. 그날 저녁 예배에서 목사님은 우리 부부에게 설교와 특송을 맡기셨고, 그동안 교회로부터 받았던 사랑과 은혜를 생각하며 기꺼이 그 부탁을 받아들였다.

저녁 예배가 시작되었고, 나는 떨리는 마음으로 강단에 올랐다. 하나님께서 주신 말씀을 전하기 위해 입을 여는 순간, 그동안 교회에서 보낸 모든 순간이 주마등처럼 스쳐 지나갔다. 함께 웃고 울며 삶을 나누었던 성도들의 얼굴이 하나하나 떠오르자, 나도 모르게 목이 메어왔다.

잠시 말을 멈추고 숨을 깊게 들이마셨다. 그리고 천천히 다시 이야기를 이어갔다. 나와 아내가 결혼하며 처음 교회에서 받은 따뜻한 사랑, 학교 생활을 병행하는 한없이 부족한 나를 끊임없이 응원해 준 성도들의 얼굴을 바라보며 설교를 하는 나의 마음 깊은 곳에서는 아쉬움과 감사가 교차했다. 이제는 새로운 사명의 길로 떠나야 하는 우리의 진심을 담아 하나님께 영광을 돌렸다.

설교를 마치고 아내와 함께 강단 앞에 섰다. 우리는 떨리는 목소리로 찬양하기 시작했다. "달리다굼." 하나님께서 우리 부부에게 맡기신 새로운 사명을 고백하는 노래처럼 느껴졌다. 한 구절, 한 구절 부를 때마다 우리 안에 담긴 결단과 기도가 고스란히 스며있었다.

캄캄한 인생길 홀로 걸어가다
지치고 고단하여
내 영혼 깊은 잠이 들었었네
어두운 죄악의 길을 걸어가다
상하고 찢기어
내 영혼 깊은 잠이 들었었네
(중략)

어둠 속에 잠자던 영혼 일어나라
일어나 걸으라 달리다굼 일어나라
달리다굼 일어나라

하지만 우리는 감정을 억누를 수가 없었다. 목소리는 떨리다 결국 끊겼고, 흐르는 눈물을 참을 길이 없었다. 성도들 역시 함께 흐느끼며 하나님께 기도를 올렸다. 찬양 속에서 우리는 하나님 앞에 지난 모든 시간을 감사드리며 그날 저녁, 눈물 속에서 파송을 받았다. 찬양의 여운 속에서, 우리의 마음과 영혼은 온전히 하나님께 드려졌다.

예배가 끝난 후 성도들과 일일이 작별 인사를 나누었다. 성도들은 우리의 손을 꼭 잡으며 진심 어린 축복과 따뜻한 격려의 말을 전해 주었다. 우리는 서로를 바라보며 앞으로 하나님께서 열어 주실 새로운 길에 대한 기대와 설렘을 품었다. 사랑하는 성도들과 작별하는 시간은 많은 아쉬움과 죄송한 마음이 함께 자리하고 있었다.

1989년 8월 말 금요일. 이사하는 날, 하늘은 마치 기다렸다는 듯이 소낙비를 쏟아부었다. 검푸른 비구름이 온 하늘을 덮었고,

끝없이 내리는 빗줄기는 마치 우리의 앞날을 조용히 시험하듯 무겁게 내려앉았다. 그 당시에는 이삿짐센터가 흔하지 않았다. 그래서 이사를 위해 집사님들과 지인들이 하나둘 모여 손수 짐을 실어 주었다. 빗속에서 땀과 비에 흠뻑 젖어가며 도와준 그들의 손길은 마음속 깊이 간직해야 할 감사였다.

아쉬운 마음으로 논산을 향해 출발했다. 빗방울이 지붕을 두드리는 소리가 쉴 새 없이 울려 퍼졌다. 창밖 풍경은 비와 안개에 가려져 보이지 않았다. 봉고차는 조심스레 빗속을 달렸고, 차 안에는 말없이 고요한 시간이 흘렀다. 아내와 나는 묵묵히 창밖을 바라보며 앞으로 펼쳐질 사역을 생각했다. 마음속에는 설렘과 두려움, 기대와 불안이 뒤섞여 있었다. 그러나 모든 감정을 이겨내게 한 것은 하나님께서 우리를 이 길로 부르셨다는 분명한 믿음이었다. 빗속의 여정은 단순히 한 지역으로 옮겨가는 이사가 아니었다. 그것은 하나님께서 이끄시는 새로운 사명의 현장으로 나아가는, 믿음의 순례이자 첫걸음이었다.

논산에 도착해 집을 확인하신 집사님들과 지인들은 당황한 표정으로 나를 바라보았다. 그들의 눈에는 '이곳이 정말 교회가 될 수 있을까?'라는 물음이 담겨 있었다. 작은 한숨이 새어 나왔고,

그 안에는 걱정과 염려, 안타까움이 교차하고 있었다. 그들의 눈빛을 보며 나 역시 가슴 한편이 무거워졌다. 이 낡고 허름한 집에서 과연 예배를 드릴 수 있을까? 하물며 이곳에서 교회를 세우고, 성도들을 맞이할 수 있을까?

바로 그 순간, 마음 깊은 곳에서 울려 나오는 분명한 음성이 있었다. "이곳으로 내가 너를 보냈다." 그 음성은 세상의 어떤 위로보다 강력했고, 또다른 응답이었다. 이 자리가 하나님께서 예비하신 사명의 땅이라는 확신이 다시금 내 안에 자리 잡았다. 이 시간 우리는 지금 비바람이 휘몰아치는 논산의 작은 골목 안, 오래된 집에 와 있지만, 바로 이곳이 하나님께서 새 일을 시작하실 곳이었다.

아내와 나는 낡고 어두운 방에서 서로를 바라보았다. 아무 말도 할 수 없었고 마음 깊은 곳에서부터 차오르는 눈물을 억누를 수 없었다. 세상의 눈으로 보면 이곳은 단지 오래되고 낡은 한 채의 집에 불과했지만 우리에게는 하나님께서 주신 새로운 시작의 자리였다. 앞으로 이곳에서 어떤 일이 펼쳐질지, 하나님께서 어떻게 일하실지는 알 수 없었다.

그러나 하나님께서 우리 부부를 이곳으로 보내셨다는 믿음이 그 모든 막막함과 두려움을 붙들어 주었다.

비는 여전히 내리고 있었고, 그 빗소리 속에서 마치 하나님의 음성을 듣는 것만 같았다. "이곳에서 너희의 부르짖는 기도가 시작될 것이다. 작고 연약한 예배가 내 나라를 향한 첫걸음이 될 것이다." 그 말씀이 마음속에 울려 퍼지며 우리는 벅찬 감동에 잠겼다. 아무도 관심 갖지 않을 이 낡은 집에서 하나님께서는 우리를 통해 새로운 교회를 세우실 것이고, 지친 영혼들을 위로하시며 사람들의 마음을 변화시키는 놀라운 계획을 시작하시리라는 믿음의 확신이 깊이 밀려왔다.

작은 방에 들어서서 숨을 고른 뒤 마루 한쪽에 기도의 자리를 조심스레 마련했다. 그리고 차가운 바닥에 무릎을 꿇고 서로의 손을 꼭 잡은 채 조용히 기도드렸다. "하나님, 이곳에서 우리의 작은 헌신을 받아주시고, 하나님의 큰 뜻을 이루게 해주세요." 눈물로 드린 그 기도는 단순한 시작이 아니었다. 그날이 곧 논산한빛교회가 태동하는 날이었고, 우리 부부의 인생에서 가장 거룩한 사명이 시작되는 순간이었다.

그 이후, 우리는 두려움과 설렘이 교차하는 하루하루를 보냈다. 그리고 하나님께서 준비해 두신 일들을 기대하며, 낡은 그 집을 작은 예배 공간으로 정성껏 가꾸기 시작했다.

짐을 정리하고 정돈하던 어느 토요일이었다. 그날, 전에 대화침례교회에서 함께 신앙생활을 했던 집사님 한 분이 우리를 찾아오셨다. 그분은 환한 미소를 띠며 차에서 무언가를 꺼내셨다. 바로 '논산한빛침례교회'라는 이름이 선명하게 새겨진 간판이었다. 우리가 새롭게 시작하는 개척 사역을 응원하고 싶어, 직접 간판을 만들어 손수 챙겨 오셨다. 간판을 보는 순간, 가슴이 뭉클해졌다. 작은 시작이었지만 이곳이 하나님의 이름이 높임 받는 거룩한 예배 처소가 된다는 사실이 말할 수 없는 감동으로 밀려왔다.

그러나 문제는 곧 다가왔다. 간판을 붙일 곳이 없었다. 이곳은 단층 주택이었고, 간판을 걸 기둥도, 높은 벽도, 눈에 띄는 처마도 없었다. 입구는 좁고, 마당은 작았으며, 구조 자체가 간판을 설치할 만한 곳이 없었다.

나는 간판을 들고 이곳저곳 둘러보며 고민했다. 그렇게 마당을 몇 바퀴 돌고 난 우리는 결국 마당 한쪽 구석에 간판을 세웠다. 돌을 모아 간판 밑동을 고정했고, 바람에 흔들리지 않도록 단단히 눌러두었다. 비록 사람들이 잘 보지 못할 자리였지만 간판은 분명히 '교회가 여기 있다'는 상징이 되었다. 작고 소박한 간판은, 하나님께서 이 땅 위에 교회를 심으셨음을 조용히 선포하고 있었다. '이 작고 허름한 곳에서 시작하지만 하나님의 나라가 이곳을 통해 널리 퍼지게 하소서.' 논산에서의 사역이 시작되었다. 우리 부부는 하나님의 감동을 따라 방 한 칸을 예배당 삼아 감격스러운 예배를 드렸다. 눈물과 기도로 준비된 그 예배는 논산한빛교회의 첫 심장이 뛰는 순간이었다. 그리고 그 자리는 하나님께서 친히 일하시는 거룩한 땅이 되었다.

논산한빛교회 간판을 통해 부르심 (포기하지 않으시는 하나님)

다음날 아침 문앞에 못질조차 할 수 없어 간판을 비스듬히 세워 두었지만 마음은 마치 하나님의 깃발을 이 땅에 꽂는 듯한 감격으로 벅차올랐다.

고개를 들어 올려다보니 2층 옥상에서 한 젊은 엄마가 아기를 등에 업고 기저귀를 널고 있었고, 옆에서 또다른 아이가 천진난만한 웃음을 지으며 뛰어다니고 있었다. 그 순간 내 안에 계신 성령께서 "내일 저 여인이 예배드리러 올 성도"라고 말씀하셨다.

나는 깜짝 놀라 아내를 불렀다.

“여보, 저 아기 엄마가 내일 우리 교회에 올 사람이야. 방에서 예배드리니 오시라고 말씀드려.”

그러나 아내는 선뜻 나서지 못했다. 생면부지의 이웃에게 교회로 오라고 전하는 것도 어렵지만 아직은 건물도 없는 작은 방에서 드리는 예배로 초대하는 일이 쉽지 않았기 때문이다.

드디어 첫 주일 아침이 밝았다.

오전 10시가 지나자 나는 다시 아내에게 말했다.

“어제 그 새댁 꼭 예배드리러 오시라고 다시 말씀드려요.”

그리고 11시가 가까워질 무렵, 마침내 그 젊은 엄마는 아기를 등에 업고 한 손으로는 큰아이의 손을 붙잡고 또 다른 손에는 성경책과 기저귀 가방을 들고 교회로 들어왔다.

예배 시간을 앞두고 기도하는데 때마침 한 할머니와 손녀가 성경책을 들고 지나가다 물으셨다.

“이곳에서도 예배를 드리나요?”

“네, 맞습니다. 오늘이 논산한빛교회 첫 예배 드리는 날입니다.”

그렇게 방으로 안내했고 할머니와 손녀도 함께 예배에 동참하게 되었다.

그날 첫 예배에는 나와 아내, 큰딸 한빛, 젊은 새댁과 두 아들, 할머니와 손녀까지 모두 여덟 명이 모였다. 비록 초라한 방 한 칸이었지만 그곳은 하늘의 은혜와 임재로 가득 찬 거룩한 성전이 되었다. 하나님께서 긍휼을 베푸시고 때를 따라 필요한 성도를 붙여 주신 것이다.

"그러므로 우리는 긍휼하심을 받고 때를 따라 돕는 은혜를 얻기 위하여 은혜의 보좌 앞에 담대히 나아갈 것이니라"(히 4:16) .

시간이 흐른 뒤 나는 그 성도에게 물었다.

"어떻게 그렇게 바로 교회에 나오실 수 있었나요?"

그분의 대답이 참으로 놀라웠다.

"논산으로 이사 올 때 교회는 나가지 않으려고 교회가 보이지 않는 집을 골랐어요. 이제는 교회에 더 이상 나가지 않겠다고 마음을 정했거든요. 그런데 토요일에 빨래를 널다가 논산한빛교회 간판이 눈에 들어왔어요. 그 순간 마음속에 '나는 하나님을 피할 수 없구나. 하나님을 떠나서는 살 수 없구나' 하는 강한 깨달음이 찾아왔어요. 그런데 바로 그때 사모님이 오셔서 예배드리러 오라고 하시니 안 올 수가 없었죠."

그분의 고백을 들으며 나는 깊이 깨달았다.

하나님께서는 택하신 자녀를 결코 포기하지 않으신다는 사실을.

붉은 흙 위에 핀 기도

교인들이 점점 늘어났다. 예배 때마다 사람들이 빽빽이 들어차 숨이 막힐 정도였고, 좁은 공간에 소음이 겹치면 말씀을 선포하는 데 어려움이 많았다. 예배가 은혜로 충만한 만큼 공간의 필요는 날로 절실해졌다. "주님, 예배드릴 공간이 더 필요합니다. 우리를 위한 예배의 자리를 열어 주세요."

어느 날, 마치 응답처럼 한 소식이 들려왔다. 미국 남침례교 선교부에서 희망하는 교회에 18평짜리 천막 예배당을 지원해 준다는 것이었다. 하나님이 주신 응답이라 생각하고 머뭇거릴 이유가 없었다. 곧바로 신청서를 작성해 국내 선교부에 보내고 간절한 마음으로 답변을 기다렸다.

그러나 천막을 칠 땅을 찾는 것이 또 하나의 기도제목이 되었다. 땅 매입은 꿈도 꿀 수 없는 일이었기에 임대할 수 있는 땅을 찾아 발품을 팔았다. 하지만 교회를 세우고 싶다는 말이 나오는 순간, 땅 주인들은 고개를 저으며 거절했다. 교회는 안 된다는 것이었다. 그렇게 며칠을 허탕만 치던 어느 날, 동네 한가운데에 대략 25평 정도 되는 빈 땅이 눈에 들어왔다.

나는 조심스레 그 집 대문을 두드렸다. 문을 연 집주인 아주머니는 단호한 표정으로 나를 바라보았다. "이 땅을…세 놓으실 생각 없으세요?" 조심스럽게 말을 꺼냈다. "뭐 하려고 그러는데?" 그 물음에 나는 숨을 한번 쉬고 이렇게 말했다. "여기에 천막을 치고, 아이들을 가르치고 싶습니다. 공부방을 열어보려 합니다." 그 순간, 아주머니의 눈빛이 살짝 흔들리는 게 느껴졌다. 잠시 정적이 흐르고 아주머니가 입을 열었다. "그래? 그럼 월세는 1년치로 25만 원만 받아야겠네." 그 말을 듣는 순간, 하나님께서 길을 여셨다는 확신이 밀려왔다. 나는 벅찬 마음으로 계약서를 받아들었다.

다음 날, 기다리던 남침례교 선교부의 천막이 도착했다. 붉은 흙먼지가 이는 그 작은 마을에 희망을 품은 천막 하나가 세워지는 순간이었다. 우리 지방의 여러 목사님이 기꺼이 달려와 주셨다. 낡은 작업복을 입고 땀을 흘리며 함께 천막을 펼친 뒤 기둥을 세우고, 마침내 그 위에 조그만 십자가 하나를 달았다. 그 순간, 허허로운 빈 땅 위에 예배당의 형상이 뚜렷하게 세워졌다. 아직 바닥은

굴곡졌고 바람이 틈새를 파고들었지만 거룩한 기도의 공간이 드디어 마련된 것이다. 그런데 예상하지 못한 일이 벌어졌다. 주인 아주머니가 천막을 바라보며 걸어오더니 단호한 얼굴로 물었다.

"아니, 여기가 교회가 된 건가요? 왜 교회라고 말 안 했어요?" 나는 당황하지 않고 미소를 머금으며 대답했다. "아주머니, 제가 여기서 공부를 가르치겠다고 말씀드렸잖아요. 성경공부요."

아주머니는 잠시 말없이 나를 바라보았다. 이미 천막은 단단히 세워졌고, 월세도 이미 받은 상태였다. 아주머니는 말없이 돌아섰고 더 이상 그 일에 대해 말하지 않았다. 나는 그것이 곧 하나님의 허락임을 느꼈다. 며칠 후 천막 아래에서 첫 예배를 드렸다. 성도들이 하나둘 천막 안으로 들어왔고, 찬양을 부르고 기도를 드리자 그곳은 임대된 터가 아니라 하나님께서 거룩하게 구별하신 예배 장소가 되었다. 1990년 2월, 찬 바람이 여전한 겨울의 끝자락이었지만 천막 안은 사람들의 숨결과 찬양으로 따뜻했다. 그곳에서 우리는 작은 천막을 넘어 하나님의 나라를 세우는 위대한 첫걸음을 내디뎠다.

우리 교회는 말 그대로 천막 교회였다. 건물이라고 부를 수 없을 만큼 소박했다. 문이라 해봐야 지퍼 하나가 전부였고, 아이들은 문을 이용하기보다는 천막 가장자리를 살짝 들춰 옆으로 들어오곤 했다. 바닥을 운동장 삼아 뛰어노는 아이들, 예배종을 치며 장난치는 아이들, 이곳이 아이들의 놀이터였다. 많은 아이들 중 마음속에 또렷이 남아 기억되는 아이가 있다.

어느 날, 교회 근처 낡은 담벼락에 기대어 조용히 서 있는 눈이 크고 깡마른 초등학교 6학년 여자아이가 눈에 들어왔다. 나는 조심스레 다가가 말을 걸어보았다. “안녕? 혹시 교회에 와본 적 있니?” 그렇게 시작된 한마디 전도가 그 아이의 마음 문을 열었다. 그리고 그날 이후 그 아이는 꾸준히 교회에 나오기 시작했다. 놀랍게도 그 아이가 교회에 나오면서 동네 아이들이 하나둘씩 따라오기 시작했다. 천막교회가 신기했는지 매 주일 오는 아이들의 수가 늘어났다. 그 아이는 단지 교회에 나온 첫 아이가 아니었다. 그 아이는 하나님의 첫 열매, 논산한빛교회 어린이 사역의 시작점이었다. 세월이 흘러 그 아이는 목회자 사모가 되어 필리핀 선교사로 사역하며 복음을 전했고, 지금은 미국에서 목회자 사모로 사역하고 있다.

천막에서 드리는 예배는 열정으로 가득했지만 그만큼 시끄럽기도 했다. 천막은 소리를 가두지 못했고, 우리의 찬양과 기도는 그대로 마을 전체에 울려 퍼졌다. 특히 수요일 저녁 예배는 작은 마을의 고요함을 깨우기 충분했다. 기도하는 소리, 찬양하는 소리, 말씀을 선포하는 소리…그 소리는 복음이었지만 때때로 이웃들에게는 큰 소음으로 느껴졌을지도 모른다.

그러던 어느 날, 술에 취한 한 남자가 천막 문을 발로 차며 소리쳤다. "동네 한가운데서 시끄러워서 살 수가 있나! 예배 좀 조용히 못 드려?" 모든 성도가 숨을 죽였고, 나는 순간 강대상 뒤로 몸을 피한 채 머리를 숙였다. 그리고 그 자리에서 하나님께 토해내듯 기도했다. "하나님, 어떡하면 좋습니까?" 눈물이 핑 돌았다. 겁도 났고, 마음은 무너졌고, 이런 일이 반복된다면 이 사역을 감당할 수 있을까 두려웠다. 기도를 마치고 고개를 들어보니 아저씨는 가고 없었다. 나는 "주기도문 드리고 예배를 마칩니다" 하고는 급히 예배를 마쳤다. 그날, 나는 무거운 마음으로 집으로 돌아가며 또다시 기도했다. "하나님, 저런 분이 있으면…저 목회 정말 못 하겠습니다."

며칠 뒤, 토요일이었다. 학생들과 함께 예배 준비를 하고 있는데 한 아이가 교회로 달려 들어왔다. "전도사님, 우리 아빠가 사고를 당했어요. 중환자실에 있어요!" 아이의 눈에 눈물이 고여 있었고, 나는 마음을 다잡으며 말했다. "예배 마치고 바로 가자." 학생 예배를 서둘러 마친 뒤, 아이와 함께 병원으로 달려갔다.

"이미 돌아가셨습니다." 아이의 아버지는 이미 이 세상 사람이 아니었다. 아이의 손을 잡고 아버지의 얼굴을 본 순간 깜짝 놀랐다. 수요 저녁예배 때 시끄럽다고 문을 박차고 들어와 소리쳤던 그분이었다. 놀란 가슴이 먹먹해졌다.

내가 며칠 전 드렸던 기도가 떠올랐다. "하나님, 어떡하면 좋습니까?" 그리고 나는 깨달았다. 내 기도가 틀렸다는 것을. 하나님 앞에서 한 사람의 변화와 그 영혼의 구원을 구하지 못하고 그저 내 사역이 편안하길 바랐던 것이다. 그날, 하나님은 내 마음 깊은 곳을 흔드셨다. 기도의 방향이 바뀌어야 한다는 것, 사람을 바라보는 눈이 달라져야 한다는 것, 그리고 하나님은 언제나 그 한 영혼을 바라보신다는 것을 깨달았다.

그리고 목회자가 어떻게 기도해야 하는지를 가르쳐 주셨다. 그날 이후, 기도의 자세가 달라졌다. 하나님께서 주신 목회현장은 내 힘으로 감당하는 곳이 아니며, 기도로 품어야 할 한 사람, 사랑해야 할 한 영혼이 있는 자리라는 것을 눈물로 깨달았다.

쉬/어/가/기

천막 교회에서 사역하던 어느 날, 늘 그렇듯 조용히 예배를 준비하고 있던 때였다. 문이 열리고, 낯선 어르신이 들어오셨다. 백발이 성성하고 허리가 굽으셨으며, 말씀하실 때마다 살짝 어긋나는 틀니에서 그분의 연륜이 묻어났다. 나중에 알게 되었지만 그분은 어느 시골 감리교회에서 목회 중인 아드님을 둔 장로님이셨다. 사정상 아들의 교회에 다닐 수 없어 우리 교회를 찾으신 것이었다.

놀라움과 부담감이 한꺼번에 몰려왔다. '이런 어르신이, 설교 한 번 제대로 해본 적 없는 나의 말씀을 듣고 은혜가 되실까?' 그러나 장로님은 단 한 번도 그런 부담을 주신 적이 없으셨다. 오히려 따뜻한 미소와 굳은살이 박인 손으로 나를 북돋우셨다. 설교 시간에는 늘 또렷한 목소리로 "아멘! 아멘!" 진심 어린 화답을 보내셨고, 예배 후에는 내 손을 꼭 붙잡고 말씀하셨다. "은혜 많이 받았습니다, 목사님. 오늘 말씀 꼭 붙들고 한 주간 살겠습니다." 그 한마디는 나에게 큰 위로가 되었고, 목회를 더 열심히 해야겠다는 용기를 북돋아 주었다.

한 번은 장로님께서 우리 부부를 집으로 초청해 주셨다. 정성껏 차

려진 식사를 마친 뒤, 장로님은 조용히 고개를 숙이시며 말씀하셨다. "목사님, 제 머리에 안수해 주세요."
내 손이 그분의 머리에 닿는 순간, 기도하는 입술보다 나 자신이 먼저 위로받고 있음을 느꼈다. 그분은 내 기도를 통해 은혜를 받으셨고, 나는 그분의 믿음을 통해 목회의 길을 배워갔다.

그러던 어느 날, 장로님께서 말씀하셨다. "아들이 제천으로 사역지를 옮겼습니다. 저도 이제 함께 가야 할 것 같아요." 그 순간, 마음 한구석이 텅 비는 듯 아쉬움이 몰려왔다. 우리 부부는 작별을 앞두고 기차를 타고 제천까지 심방을 가기로 했다. 기차에서 창밖을 바라보며, 스쳐 가는 산과 들, 그리고 어두운 터널을 지나며 마음 한구석이 저릿해졌다. 그 순간, 내 마음 깊은 곳에서 작고 분명한 하나님의 음성이 들려왔다. "네가 목회를 잘해서 그가 너를 격려한 줄 아느냐? 내가 네 사역을 위해 그를 보낸 것이다."

그 음성에 참았던 눈물이 왈칵 쏟아졌다. 하나님께서 천막 교회, 부족한 목회자, 열악한 환경 속에서도 나를 홀로 두지 않으셨다는 사실. 하나님은 사역의 크기가 아니라, 사역자의 마음을 보신다는 것을 나는 다시 배웠다. 제천에서 장로님과 마지막 인사를 나눈 뒤 돌아오는 기차 안, 창밖으로 지는 해를 보자 감사의 눈물이 주르륵 흘렸다. 그 장로님은 그냥 단순한 한 명의 성도만이 아니었다. 하나님께서 보내주신 '위로의 천사', 목회의 길에 함께 걷게 하신 믿음의 동역자였다. 천막 교회의 겨울은 차가웠지만 그분의 기도와 아멘은 따뜻한 난로와 같았다. 무더운 여름, 그분의 격려는 목회현장에 부는 시원한 바람과도 같았다. 지금도 가끔 그분의 굽은 허리와 딱딱한 손이 떠오를 때면 나는 다시 한 번 다짐한다. '하나님, 오늘도 제가 누군가에게 그런 위로의 동역자가 되게 하소서. 아멘!'

바람 속에서 하나님을 만나다

천막 교회에서의 시간은 무엇보다 소중한 목회 학교였다. '정말 하나님이 이 천막 안에도 계실까?' 비닐로 덮은 그 얇은 천막, 모퉁이마다 바람에 팔랑이며 펄럭이는 곳에 하나님이 임재하신다는 것을 믿고 싶으면서도 확신하지 못했던 때였다. 천막이라는 공간은 사람들에게 너무 낯설었다. 종종 조롱의 대상이 되기도 했다. 어렵사리 전도한 이들과 함께 교회 앞에 섰을 때, 그들의 얼굴에 떠오르던 애써 감추려 했던 당혹감, 그리고 '여기가 정말 교회인가요?'라는 눈빛에 나는 몇 번이나 가슴이 저릿했다.

"저게 무슨 교회야?" "혹시 이단은 아닐까?" 이런 수군거림이 바람을 타고 들려오면 내 마음도 함께 작아졌다.

그러던 어느 날이었다. 예배 중 천막이 바람에 흔들리고 비닐이 펄럭이며 춤을 추듯 할 때, 나는 문득 멈춰 서서 기도하다가 그곳에서 하나님을 뚜렷하게 느꼈다. '그래, 하나님은 여기에도 계신다.' 대리석 바닥도, 피아노도 없는 이곳. 그저 맨땅 위에 덮은 천막 하나, 바람을 막기 위해 끈으로 묶어 둔 흔들리는 공간에도 하나님은 임재하셨다. 그 순간, 나는 깨달았다. 예배는 장소가 아니라 마음의 자리라는 것을. 화려한 전등 아래가 아니라, 믿음의 불빛이 켜지는 곳, 성도들이 모인 이곳이 바로 하나님의 처소요, 주님의 몸 된 교회라는 것을.

그날 이후 천막은 더 이상 부끄러움의 대상이 아니었다. 기도의 눈물이 스며든 땅, 하나님 보좌로 올라가는 찬양이 있는 공간, 그곳은 더없이 거룩했다. 비닐로 덮인 천막일 뿐이지만 그곳은 하나님의 손길이 머문 곳이요, 믿음의 숨결이 스며든 하늘 통로였다. 사람들의 시선은 여전했고 바람은 여전히 천막을 흔들었지만,

이제 내 마음은 요동치지 않았다. 내가 확신할 수 있는 한 가지, 하나님이 여기 계신다는 믿음 하나로 나는 다시 강단에 올랐다. 천막 속 강단 위에서, 내가 아니라 하나님의 영광을 높이는 사역자로 조용히, 그러나 분명히 나는 서 있었다.

1년이 흘렀다. 아이들은 천막 교회에서 예배를 드리며 함께 웃고, 함께 자라났다. 비가 오면 함께 바람을 막고, 여름이면 땀을 닦아 주며 그렇게 성장해 갔다. 하지만 1년이라는 시간은 땅을 내어준 주인에게는 고통의 시간이었던 모양이다. 동네 사람들의 눈초리, 수군거림, 그 보는 걸 견뎌낸 끝에 주인은 결국 차가운 목소리로 말했다. “계약 끝났으니 이젠 나가줘요.” 그 말은 곧 아이들과 함께 드리던 예배의 자리, 기도의 공간, 작은 천국이 사라질 위기에 놓였다는 뜻이었다. 나는 속으로 외쳤다. ‘도대체 어디로 가라는 거예요? 이 아이들, 이 순전한 영혼들은 어디서 예배드리라고요?’

마을 어디를 가도 등뒤에서 사람들의 비웃음과 비난이 들려오는 듯했다. 나는 고개를 들 수조차 없었다. 주인은 이미 동네 사람들에게 소문을 돌려놓았다. 험담이 바람처럼 흘러다녔다. 내 마음은 부끄러움과 무기력함이 한꺼번에 밀려든 바다 같았다. 기도를 드려 보기도 했지만 마음이 너무 무거웠다. 결국 나는 모든 걸 내려놓고 일주일간 금식기도를 드리기로 했다. 기도원에서 하나님 앞에 무릎 꿇고 그저 눈물로 엎드리는 것밖에 할 수 있는 게 없었다.

"하나님, 논산한빛교회…이 아이들, 이 자리, 제가 어떻게 해야 할지 정말 모르겠습니다. 하나님이 아시잖아요…하나님이 좀 도와주세요." 목소리가 떨렸고, 말은 자꾸 울대에 걸려 흘러내렸다. 기도조차 되지 않는 시간, 나는 그저 어둠 속에서 울고 또 울었다. 그렇게 사흘째 되던 날, 성경을 펼치는 순간, 한 구절이 번개처럼 내 영혼 깊숙이 꽂혔다. 마치 내가 성경을 찾은 것이 아니라 성경이 먼저 나를 찾아와 손을 내민 듯했다. 내 앞에 열린 말씀은 바로 예레미야 33장 3절이었다.

"너는 내게 부르짖으라 내가 네게 응답하겠고 네가 알지 못하는 크고 은밀한 일을 네게 보이리라." 아멘.

한 글자 한 글자, 마치 심장에 새겨지는 듯했다. 내 이름을 부르시고 나를 일으키시는 목소리처럼 그 말씀이 내 안에 뚜벅뚜벅 걸어 들어왔다. "신정아, 부르짖으라. 내가 응답하겠다. 네가 지금은 도저히 상상하지 못하는 크고 비밀한 일을 내가 너에게 보여주겠다."

말씀은 선명했다. 그 말씀이 나를 일으켜 세웠다. 내 안에 꺼져가던 등불이 다시 타올랐다. 무거운 어둠 속에서도 한 줄기 빛이 내 마음을 뚫고 들어왔다. 나는 다시 기도했다. 이젠 눈물이 아니라 확신으로. 하나님은 응답하셨다. 내가 약할수록 하나님은 더욱 강하게 일하셨다. 그 믿음 하나로 나는 다시 일어서게 되었다.

그렇게 기도원에서 며칠을 보내고 있을 때였다. 한 집사님이 나에게 다가왔다. 대구에서 왔다고 자신을 소개한 그는 나보다 나이가 한참 많아 보였다. 기도하는 내내 울고만 있으니 그분도 내 사정이 궁금했던 모양이었다. 집사님은 조심스레 내게 물었다. "도대체 무엇 때문에 그렇게 울고만 계시는 거요?" 낯선 이에게 쉽게 마음을 열 수 없을 것 같았지만 그의 눈빛에서 진심 어린 염려가 느껴졌다. 나는 그동안 품고 있던 속사정을 조심스럽게 털어놓았다. 천막 교회의 계약이 끝났다는 사실, 교회를 옮겨야 하는데 도무지 예배드릴 자리가 없다는 사실, 막막한 마음에 기도하러 왔다는 이야기까지. 집사님은 내 이야기를 들으며 고개를 끄덕였다.

어느 순간 그분의 얼굴에 내 아픔이 그대로 옮겨간 듯했다. 그는 자신의 기도를 멈추고 내 곁에 앉아 매일 밤 나를 위해 기도하기 시작했다. 기도원에서의 마지막 밤이었다. 그분은 조용히 내게 다가와 낮은 목소리로 말했다. "전도사님, 하나님이 제게 말씀하셨습니다. 이번에 논산으로 돌아가면, 하나님이 반드시 예배 처소를 마련해 주실 겁니다."

순간, 내 마음속에서 기묘한 불만이 고개를 들었다. '하나님, 왜 응답을 제게 직접 주시지 않고 저 집사님을 통해 말씀하시나요? 정말 응답을 주실 거면 저에게 직접 말씀해 주셔야 하는 거 아닙니까?' 하지만 그 말은 차마 입 밖으로 나오지 못했다. 대신, 마음 깊은 곳에서 알 수 없는 기대가 피어올랐다. 집사님과 작별 인사를 하고 기도원을 떠나는 길, 논산으로 돌아가는 길 위에서 나는 그 말이 자꾸만 떠올랐다. "하나님이 반드시 예배 처소를 마련해 주실 겁니다." 어쩌면 하나님께서 이번만큼은 낯선 집사님의 입을 빌려 내게 응답을 주고 계신지도 모르겠다는 생각이 들었다. 불확실한 미래가 두렵기는 했지만, 동시에 조용히 내 안에 희망이 차올랐다. 긴 터널의 끝에서 한 줄기 빛이 보이기 시작했다.

결혼 예물, 하늘에 심다

논산으로 돌아온 지 얼마 되지 않아 전화벨이 울렸다. 낯익은 음성의, 신학교 시절 친구는 짧고도 분명하게 말했다. "나 지금 학교 기도실이야. 기도 중이니까 지금 좀 와줄래?"

평소 같으면 당연히 이유를 물었겠지만 그날은 왠지 모르게 아무것도 묻지 않았다. 묻지 않아도 될 것 같은 어떤 확신, 설명할 수 없는 이끌림이 있었다. 나는 논산에서 대전으로 향하는 버스에 올랐다. 버스 안에서 창밖을 바라보니 무수히 많은 생각이 스쳐 지나갔지만, 마치 처음부터 이 만남이 예정된 것 같았다.

기도실에 들어섰을 때 친구는 기도하며 울고 있었다. 그의 눈물과 흐느낌이 기도실 안을 조용히 채우고 있었다. 나는 말없이 그의 옆자리에 앉았다. 그리고 나도 모르게 그의 울음과 함께 기도하기 시작했다. 얼마의 시간이 흘렀을까. 친구가 조용히 입을 열었다. "나, 결혼한 지 이제 6개월이잖아…그런데 하나님이 내게 말씀하셨어. 내 결혼 예물을 다 드리라고."

그의 말에 순간 내 심장이 크게 요동쳤다. 마치 과거의 내가 다시 나타난 듯했다. 나는 이미 오래전, 아내와 함께 결혼 예물을 모두 하나님께 드린 경험이 있었다. 그 결정이 얼마나 어렵고 힘든 일인지 누구보다 잘 알았다. 친구는 이어 말했다. “그래서 아내와 함께 기도했어. 하나님께 여쭀지. ‘어디에, 누구에게 드려야 할까요?’ 그때 하나님께서 내 마음에…논산한빛교회를 생각나게 하셨어.”

친구는 나를 똑바로 바라보며 천천히 입을 열었다. “강 목사, 이건 너에게 주는 게 아니야. 나는 이미 하나님께 모든 것을 드렸어. 부담 갖지 말고, 하나님께서 원하시는 대로 이걸 교회에 꼭 필요한 곳에 사용해 줬으면 좋겠어.”

친구의 목소리에는 흔들림이 없었다. 차분하지만 단단한 그의 말에 가슴이 먹먹했고 그 한마디는 내 영혼 깊숙이 스며들어 따스하게 퍼졌다. 천막 교회에서 견디기 힘든 외로움과 막막함에 휩싸였던 나를 하나님이 친구의 헌신을 통해 찾아와 주신 것이었다. 그 순간, 가슴속에서 말로 설명할 수 없는 확신이 솟아났다.

버스 창문 너머 풍경이 흐릿하게 지나갔다. 그때 깨달았다. 친구가 내게 준 것은 단지 결혼 예물이 아니었다. 그것은 하나님께서 나를 위해 보내신 응답이고, 또한 내게 주시는 새로운 힘이었다. '하나님은 정말 내 편이시구나.' 내가 어디에 있든, 무슨 일을 겪든 하나님은 나를 홀로 두지 않으셨다.

그 생각에 마음이 벅차올랐다. 어두운 터널을 막 빠져나온 기분이었다. 긴 침묵을 깨듯 나는 작게 중얼거렸다. "감사합니다, 하나님." 작은 속삭임이었지만 그 말에는 내 모든 진심이 담겨 있었다.

불꽃 위에 지은 교회

논산으로 돌아온 나는 곧장 주인을 찾아가 옮길 준비를 하고 있다며 시간을 조금 더 달라고 부탁했다. 그렇게 눈물과 감사 속에서 친구의 예물을 가지고 천천히 논산의 거리를 걸었다. '이걸 가지고 시작하면 하나님이 이 일을 망하게 하시진 않겠지.' 이 믿음을 품고 새로운 땅을 알아보기 시작했다. 며칠 뒤, 적당한 집 한 채를 발견했다. 땅과 집이 나왔지만 주인이 요구한 금액은 7~800만 원이었다. 그러나 친구가 예물로 헌납한 금액과 내가 가지고 있는 것을 모두 모아도 400~500만 원 정도밖에 없었다. 하지만 그 적은 금액을 가지고 나는 주인 앞에 섰다. 그리고 간절히 부탁했다.

"사실 저는 돈이 없어요. 계약금밖에 준비가 안 되어 있습니다. 500만 원 계약금만 먼저 받고 등기를 넘겨주세요. 그럼 제가 그 등기를 가지고 대출을 받든, 어떻게 해서든 약속한 날짜에 돈을 마련해 드리겠습니다." 주인은 잠시 망설이더니 내 눈을 바라보며 말했다. "전도사님이시니 믿겠습니다. 다만, 등기를 넘겨드리면 반드시 약속한 날짜까지 돈을 마련해 주셔야 합니다."

믿음 하나로 나는 계약금을 내고 등기를 손에 넣었다. 등기를 들고 곧바로 논산의 놀뫼새마을금고로 향했다. 은행 창구에서 대기하는 내 마음은 쿵쾅거렸다. 얼마 후 또래로 보이는 계장님 앞에 앉아서 이렇게 말했다.

"저는 논산한빛교회 전도사입니다. 지금 제가 교회를 세우는 일에 자금이 필요한 상황입니다. 좀 많이 필요합니다." 숨을 고르며 솔직히 말하자 계장은 놀란 표정으로 물었다. "얼마나 필요한데 그러십니까?"

"사실 계약금만 겨우 마련한 상태고, 나머지가 필요합니다. 앞으로 저는 논산을 위해 일할 사람이고, 계장님도 논산에서 큰일을 이루실 분입니다. 처음이니 도와주신다면 우리 모두가 논산에서 아름다운 일을 할 수 있을 거라 믿습니다."

계장은 잠시 생각하더니 고개를 끄덕였다. "알겠습니다. 전도사님, 함께 논산을 위해 일합시다." 그의 대답에 가슴이 뛰었다. 그렇게 새마을금고에서 대출을 받아 주인에게 나머지 금액을 지급했다. 드디어 마당이 있는 작은 집으로 논산한빛교회를 이전했다.

그날부터 교회를 세울 방법을 고민하며 밤을 지새웠다. 예산은 여전히 부족했기에 기도하며 하루하루를 막막한 마음으로 보내고 있었다. 그러던 어느 날, 기적처럼 연락이 왔다. 논산 근처의 공사 현장에서 사용하던 조립식 건물을 폐기할 예정인데, 폐기 비용만 부담하면 가져가도 좋다는 것이었다. 일반적으로 이런 조립식 건물은 몇 번 옮겨 다니다가 결국 폐기되기 마련이었지만 내게는 절호의 기회였다.

망설임 없이 폐기 비용을 마련해 건물을 교회 마당 한쪽으로 옮겨왔다. 건물은 1층과 2층 각각 40평씩, 총 80평 공간이었다. 1층은 예배당으로 쓰고, 2층을 사택으로 사용하기로 했다. 허술한 건물이었지만 우리에겐 귀중한 예배 처소가 되었다.

교회를 지을 예산이 부족해 막막했던 그 순간, 기적처럼 주어진 조립식 건물은 우리에게 큰 힘이 되어 주었다. 낡고 허술한 건물이었지만 그곳은 우리 성도들의 새 예배당이자 기도처가 되었다.

교회가 점차 자리를 잡아갈수록 내 가슴엔 하나님께서 이 작은 예배당을 통해 훨씬 더 크고 놀라운 일을 준비하고 계신다는 믿음이 깊이 뿌리내렸다. 비록 공사 현장에서 얻은 조립식 건물이었지만 성도들이 모여 기도하고 예배드리는 공간이라는 이유 하나만으로 이미 그곳은 세상에서 가장 성스러운 장소가 되어 있었다. 하나님은 다시 한 번 막막했던 우리 앞에 새로운 길을 내어주신 것이다.

그러나 조립식 건물은 실로 허술했다. 이미 세 차례나 공사 현장을 옮겨 다니며 낡을 대로 낡은 상태였고, 건축 자재들은 그야말로 힘을 잃고 너덜거리고 있었다. 스티로폼이라고는 찾아볼 수 없는 앙상한 함석판들은 금세라도 무너질듯 삐걱거리며 위태롭게 흔들렸다. 그렇게 며칠이 지나자 건물은 서서히 바닥으로 꺼져 내려가기 시작했다. 나는 황급히 성도님들에게 달려가 떨리는 목소리로 이 난처한 상황을 알릴 수밖에 없었다.

교회 건물이 가라앉고 있다는 다급한 소식을 듣고는, 한 성도님이 나서서 기막힌 해결책을 내놓았다. 종합 보일러 가게를 운영하던 분이었다.

답변은 뜻밖에도 매우 간결하고 명료했다. "목사님, 걱정하지 마세요. 철물점에 가서 철제 기둥 몇 개를 사다가 아래를 받쳐 놓으면 됩니다. 그 정도면 충분히 지탱할 수 있을 것입니다." 나는 여전히 불안한 마음으로 되물었다.

"하지만 성도님, 건물 넓이가 40평이나 됩니다. 그 무거운 걸 어떻게 들어서 기둥을 세우겠습니까?" 그러자 그는 특유의 환한 미소를 지으며 대답했다. "그거 아주 간단해요. 자동차 타이어 펑크 났을 때 쓰는 잭 있잖아요? 그걸 가져다가 건물을 들어올리면 됩니다."

철제 기둥과 잭을 구해 건물을 들어올리기 시작한 그날, 하나님께서 우리에게 특별한 지혜를 허락하셨다는 것을 온몸으로 느꼈다. 그리고 놀랍게도 그 성도님의 방법은 정말 완벽하게 맞아떨어졌다. 철제 기둥 여덟 개를 세워 단단히 받쳐놓자 그 허술했던 조립식 건물은 거짓말처럼 안정감을 되찾았고, 그날 이후로 지금까지도 튼튼히 서 있다. 그렇게 지탱된 교회 건물의 1층은 예배당으로 사용했고, 2층은 내가 거주하는 공간으로 자리 잡았다.

함석 하나로 지어진 이 건물은 여름이면 용광로처럼 뜨거웠고, 겨울이면 손발이 얼어붙을 듯이 추웠다. 계절마다 찾아오는 견디기 힘든 불편 속에서도 나는 끝까지 교회를 지키며 하나님께 다른 견고하고 안정된 터전을 허락해 달라고 간절히 구하기 시작했다.

쉬/어/가/기

그 당시 교회 상황은 말 그대로 막막했다. 1층 건물을 4천만 원에 전세 놓기로 했지만 여전히 건축 비용을 모두 갚지 못해 곤란한 형편이었다. 답답한 마음으로 기도하며 길을 찾던 중, 우연히 알고 지내던 지인을 통해 어느 교감 선생님을 만나게 되었다. 나는 망설임 끝에 그분께 도움을 청했다.

그렇게 돈을 빌리게 되었고, 약속대로 이자를 꼬박꼬박 갚아나갔다. 그러던 중 1층을 풍년떡집에 전세로 내놓게 되었고, 그 전세금으로 교감 선생님께 빌린 돈을 갚을 수 있었다. 돈을 갚으러 가던 날, 풍년떡집 사장님에게도 이렇게 털어놓았다. "오늘은 교감 선생님께 빌린 돈을 갚으러 갑니다." 그리고 나는 직접 교감 선생님을 찾아가 빌렸던 2천만 원을 정성껏 준비해 건넸다. 그때는 영수증이나 차용증 등을 따로 작성하지 않았다. 돈 거래는 믿음 하나로 이루어졌다. 그저 빚을 갚을 수 있게 하신 하나님께 감사했고, 주어진 책임을 다할 수 있음에 안도의 숨을 내쉬었다. 마음속 짐을 조금이나마 내려놓은 것 같았다.

하지만 시간이 흐른 뒤, 믿기 힘든 일이 벌어졌다. 법원으로부터 소송장이 접수되었다는 통보를 받은 것이다. 도무지 이해할 수 없었다. 무슨 일인가 알아보니 교감 선생님이 내가 2천만 원을 갚지 않았다고 주장한다는 것이었다. 당황스럽고 막막했다. 어떻게 해야 할지 갈피를 잡을 수 없었다.

법원에 출석해 1차 재판을 받았을 때, 나는 상황을 짐작할 수 있었다. 상대방은 변호사를 선임한 반면, 나는 변호사를 쓸 여력조차 없었다. 게다가 돈을 갚았다는 것을 증명할 만한 뚜렷한 서류나 증거가 전혀 없었다. 내가 가진 건, 그날 떡집 사장님에게 "교감 선생님께 빚을 갚으러 간다"라고 했던 말 한마디뿐이었다.

답답하기가 이루 말할 수 없었다. 답이 없고, 가슴 한쪽이 꺼져 내리는 듯했다. 결국 아는 목사님을 찾아가 내 처지를 솔직히 털어놓았다. 그분은 내 얘기를 조용히 듣고는 서론, 본론, 결론으로 논리 정연하게 정리된 경위서를 작성해 주셨다. 나는 그 경위서를 법원에 제출했다. 이 경위서 한 장에 내 억울함과 진심, 그리고 하나님 앞에서 지키려 했던 양심이 모두 담겨 있었다.

재판을 생각하기만 해도 밤잠을 설쳤고 불안에 시달렸다. 1차 재판 기일이 다가올수록 마음속 두려움은 점점 더 커져만 갔다. 재판이 끝난 후에도 패소에 대한 불안은 좀처럼 가시지 않았다. 그러나 시간이 흐르고 2차 재판을 기다리던 중 뜻밖의 소식을 들었다. 담당 판사가 바뀌었다는 것이었다. 과연 이것이 내게 유리한 일일까, 아니면 더 불리하게 작용할까…. 마음속에서 불안과 기대가 엇갈렸다.

재판 날, 나는 긴장된 마음으로 법정에 들어섰다. 법정은 한층 더 엄숙하고 무거운 공기로 가득했다. 마치 모든 사람이 나만 쳐다보는 것 같은 착각에 빠질 만큼 숨조차 쉬기 어려웠다.

그런데 돌연 판사가 원고를 똑바로 바라보며 물었다. "왜 거짓말을 하는 거요? 목사님이 거짓말할 일은 없을 텐데, 당신은 돈을 받았으면서 왜 받지 않았다고 합니까?"

그 말에 원고는 움찔했고 아무 말도 하지 못했다. 법정은 순간 조용해졌고, 곧바로 사건은 종결되었다. 나는 더 이상 돈을 두 번 갚을 필요가 없게 되었다. 그 순간 나는 깨달았다.

1차 재판 담당 판사가 바뀐 것, 그 모든 흐름이 우연이 아니라 하나님께서 친히 개입하신 일이라는 것을. 하나님은 침묵하시는 듯 보였지만 가장 필요한 순간에 내 편이 되어 주셨다.

불 속에서 피어난 기도

교회에 불이 났던 무렵, 내 몸 안에서도 알게 모르게 커다란 일이 벌어지고 있었지만 나는 까맣게 모르고 있었다. 그 당시 어린이집을 운영하며 눈코 뜰 새 없이 바쁘게 지내고 있었다. 마침 의료공단에서 실시하는 건강검진 기회가 찾아왔고, 대한민국에서는 마흔이 넘으면 반드시 1년에 한 번 검진을 받아야 한다는 말에 나도 신청을 했다.

건양대학교 병원을 찾았다. 검사 결과를 받는 순간, 마치 망치로 머리를 얻어맞은 듯한 충격에 다리가 휘청거렸다. 종양이 발견된 것이다. 하나님 나라에 대한 소망과 확신이 이미 내 안에 있었기에, 암이라는 진단을 듣고도 예상보다 담담할 수 있었다. 나는 의사에게 조심스레 물었다. "그럼 이제 어떻게 해야 합니까?"

의사는 "수술을 해야 합니다. 보호자가 필요합니다." 하지만 생각에 또 다른 무게가 얹혔다. 이 사실을 아내에게 어떻게 전해야 할까?

말을 꺼내는 순간 아내가 느낄 깊은 걱정과 고통이 눈앞에 훤히 그려졌다.

나는 아무 일도 없었던 것처럼 병원에 다녀와 다시 평소의 일상으로 돌아왔다. 겉으로는 웃으며 하루하루 살아갔지만 내면은 결코 평온하지 않았다. 병원의 진단 결과와 의사의 무거운 목소리가 머릿속에서 끊임없이 맴돌았다.

결국 아내가 눈치채고야 말았다. 평소와는 다른 행동, 어딘가 어색하고 무기운 표정들, 아내는 그런 변화를 민감하게 읽어냈다. 어느 날, 아내는 조심스럽지만 단호하게 물었다. "뭐 숨기는 거 있어요? 요즘 좀 이상한데요?" 나는 그 자리에서 얼어붙었고 대답조차 제대로 할 수 없었다. 결국 아내는 직접 병원에 전화를 걸어 모든 진실을 알아냈다.

아내는 아무 말 없이 내 손을 잡아끌었다. 수술 날짜가 정해졌고, 모든 일은 숨 돌릴 틈도 없이 빠르게 진행되었다.

수술은 길었다. 오전 일찍 수술실로 들어간 나는 오후 4시가 되어서야 회복실에서 나올 수 있었다. 정신을 차리고 나서야 내

몸에 일어난 변화를 느낄 수 있었다. 배에 한 뼘이 넘는 길이의 봉합 자국이 있었고, 위의 3분의 2를 절제하는 대수술이 진행된 것이었다. 너무 놀란 나는 아내에게 묻지 않을 수 없었다. "이게 어떻게 된 거야?" 아내는 이미 알고 있었다. 수술 전 의사와 상의해 단순한 종양 제거로는 부족하다는 결론에 도달했기에, 보다 큰 수술을 결정했었다는 것이었다. 하지만 그 사실을 미리 말하면 내가 충격이 클 것 같아서 일부러 말하지 않고 지켜보고 있었던 것이다. 아내의 눈빛 속에는 미안함과 애틋함이 뒤섞여 있었다.

교인들에게는 이 사실을 알리지 않았다. '암'이라는 단어 하나만으로 사람들은 쉽게 낙심하고, 필요 이상으로 염려하고 불안해하기 마련이었다. 그래서 위에 천공이 생겨서 수술을 받았다고 둘러댔다. 병문안도 오지 말라고 했다. 나는 오직 하나님과 가족에게만 이 무거운 시간을 맡기고 싶었다. 외롭고 힘든 싸움이었지만 그것이 내가 감당해야 할 믿음의 길이라 생각했다.

그렇게 병원에서 무려 열흘을 보내게 되었다. 위를 거의 다 절제한 것만으로 몸은 이미 지칠 대로 지쳐 있었는데, 수술 뒤 찾아온 통증은 정말 어떤 말로도 다 표현할 수 없는 고통이었다. 너무 아파서 숨조차 쉬기 힘든 순간, 나도 모르게 하나님께 이렇게 기도하고 있었다. "하나님, 너무 아파요. 저를 천국으로 데려가 주세요…."

암 수술 이후의 시간은 참으로 길고 지독하고 고통스러웠다. 몸을 가누는 것조차 버거워 한 발 내디딜 때마다 숨을 몰아쉬며 걸음을 멈춰야 했다. 그런데 그 고통의 한복판에서 나는 뜻밖의 깨달음을 얻었다. 그 순간에도 하나님께서는 내게 조용히 무엇인가를 가르치고 계셨던 것이다.

수술 후 회복의 시간을 보내면서, 문득 예수님께서 십자가에서 겪으셨던 고통이 내 마음속에 선명하게 다가왔다. 그분이 당하셨던 고통이 얼마나 깊고 무거운 것이었는지, 비록 아주 작은 조각일지라도 내가 직접 체험하며 이해할 수 있었다. 그 깨달음 하나만으로도 나는 하나님께 깊이 감사할 수 있었다. 내가 겪은 고통이 오히려 그분의 사랑을 더 깊이 이해하는 통로가 되었다니…! 고통의 무게 속에서도 감사가 밀물처럼 밀려와 나를 채워갔다.

그 경험 이후 나는 환자들을 대하는 태도가 완전히 달라졌다. 이제는 그들의 고통을 이해할 수 있었다. 링거 바늘 하나를 꽂는 작은 순간도 얼마나 아프고 불편한지, 그 무게가 얼마나 버거운지를 비로소 알게 되었다. 이런 깨달음이 나를 더 따뜻한 목회자로 만들어 주었다. 함께 손을 맞잡고 기도할 때마다 그들의 아픔이 고스란히 내게도 전해졌다. 그들의 고통은 더 이상 남의 이야기가 아니었다. 이제 그 아픔은 내 고통이 되어 내 안에 깊이 자리 잡았다.

거리를 걷다가도 힘겹게 한 발짝 한 발짝 내딛는 사람들을 보면 그들의 마음속 고통과 육체의 아픔이 얼마나 클지 단번에 느낄 수 있었다. 몇 걸음 내딛는 것조차 버거워 보이는 그들의 모습은, 병실 복도 몇 미터를 겨우겨우 걷던 내 지난 시간과 겹쳐지며 깊은 울림을 주었다. 살아 있다는 것, 숨을 쉬고 두 발로 걷는다는 것, 그것이 무엇보다도 귀하고 소중한 은혜라는 것을 나는 이제야 온몸으로 깨달을 수 있었다. 단순하고 평범해 보이는 일상 하나하나가 사실은 기적이라는 것을, 아팠기에 더욱 선명히 알게 되었다.

논산에서 나와 같은 암으로 수술을 받았던 목사님 한 분이 먼저 세상을 떠났다. 그리고 얼마 지나지 않아 두 번째 목사님도 조용히 삶의 무게를 내려놓으셨다. 그들의 빈자리를 바라보는 내 마음은 송두리째 흔들렸다. 생명이란 이토록 허망하고 덧없는 것인가. 피할 수 없는 인간의 유한함 앞에 나는 무너져 내릴 수밖에 없었다. 하나님 앞에 무릎을 꿇었다. 마치 예수님의 발 앞에 눈물로 엎드린 마리아처럼, 나 또한 내 부족함과 두려움을 가리지 않고 모두 쏟아놓으며 기도하기 시작했다.

"주님, 제가 얼마나 더 살 수 있을지 모릅니다. 한 달일지, 석 달일지, 아니면 여섯 달일지…. 그러나 주님, 제 남은 삶을 모두 당신께 드립니다. 주님, 제 남은 인생을 당신의 뜻에 맡깁니다. 저를 당신의 도구로 사용해 주세요."

그날 밤, 나는 한없이 부르짖으며 기도했다. 기도하는 동안 하나님께서 내 곁에 계신다는 강한 확신이 가슴 깊이 밀려왔다. 비몽사몽간에 주님께서 내 손을 꼭 잡아 주시는 듯한 따뜻한 감각이 손끝에 전해졌다. 십자가의 고통이 어렴풋이 내 안에 느껴졌고, 그 고통은 단순한 아픔이 아니라 나를 위로하시고 다시 일으켜 세우시는 하나님의 손길이었다.

다음 날 새벽, 예배를 마친 후 씻고 세면대에서 거울을 들여다보았다. 그런데 놀랍게도 그동안 얼굴에 짙게 드리워져 있던 병색

이 사라지고 없었다. 내가 알지 못하는 사이, 내 안에서 분명 무언가 기적 같은 일이 일어난 것이었다. 나는 마음 깊이 결심했다. '오늘 하루를 살아도 오직 주님을 위해 살겠다. 내가 전하는 모든 설교는 마지막 유언이라 여기고 선포하겠다.'

그날 이후 정말로 마지막을 각오한 사람처럼, 피를 토하는 심정으로 말씀을 전하기 시작했다. 설교하는 시간은 생명을 불태우는 시간이었다. 교회의 규모가 어떻든, 듣는 사람의 수가 몇 명이든 그것은 전혀 중요하지 않았다. 어느 교회를 가든지 말씀을 전하고 난 후 반드시 한 사람, 한 사람 머리에 손을 얹고 안수기도를 해주었다. 나에게 주어진 단 하루, 한순간까지 주님을 위해 쏟아붓겠다는 다짐은 내 안에서 꺼지지 않는 불꽃이 되어 나를 이끌어갔다.

그날도 여느 때처럼 아이들 한 명 한 명 이름을 부르며 안수기도를 해주고 있었다. 그때, 대전에서 막 이사 온 한 아이가 눈에 들어왔다. 그 아이의 엄마는 암 수술을 받은 후 논산으로 내려온 지 얼마 되지 않은 분이었다. 아이를 임신했을 당시 이 아이가 무사히 태어날 수 있을지조차 장담할 수 없는 힘든 상황 속에 있었다고 한다. 그때 엄마는 간절히 하나님께 기도했다. "하나님, 제발

이 아이가 초등학교에 들어갈 때까지만이라도 살게 해주세요."

나는 그 이야기를 마음에 새기며 아이의 머리에 손을 얹고 깊은 축복의 기도를 올렸다. 기도를 마치고 아이는 집으로 돌아갔다. 그날 밤, 그 아이가 엄마에게 이렇게 말했다고 한다.

"엄마, 우리 목사님 손에서 불이 나오는 것 같았어. 엄마, 내 머리 다 타는 줄 알았어. 아니면 목사님이 뜨거운 물로 손을 씻고 오신 걸까?"

다음 주에도 그 아이는 어김없이 예배에 참석했다. 그리고 또 다시 안수기도를 해주고 손을 떼자, 이번에는 아이가 내 손바닥을 유심히 들여다보았다. "왜 그러니?" 나는 웃으며 물었다. 그러자 아이가 수줍게 대답했다. "목사님 손에 불이 나오는 구멍이 있는지 보려고요."

아이의 순수한 호기심과 진심 어린 반응이 얼마나 사랑스러웠던지 나도 모르게 웃음이 터져 나왔다. 아이들은 그렇게 그들만의 방식으로 영적인 체험을 하고 있었다.

나는 느낄 수 있었다. 하나님께서 이 작고 순수한 마음들 속에도 신실하게 은혜를 심어 주고 계신다는 것을. 그 사실이 내 마음을 따뜻하게 감싸 주었다.

이렇듯 하나님께서 허락하신 하루하루를 최선을 다해 살아가며, 한 사람 한 사람에게 주님의 사랑을 전하는 것이 내 삶의 분명한 목표가 되었다. 어느 날이었다. 어느 목사님이 나를 조용히 부르더니 걱정스러운 얼굴로 말했다. "목사님, 그렇게 기도하다가는 진액 다 빠져서 빨리 천국 갈 수 있습니다."

충고를 듣는 순간 웃을 수밖에 없었다. 기도는 내게 진액을 빼앗아가는 고된 노동이 아니라 하나님께서 내 영혼을 새롭게 채워 주시는 은혜의 시간이었기 때문이다. 한 사람, 한 사람에게 다가가 안수하고 그들의 뜨거운 눈물과 떨리는 손길 속에서 하나님의 사랑을 느끼는 일은 내 삶이 누릴 수 있는 가장 큰 기쁨이자 영광이었다. 기도는 나를 소모시키는 것이 아니라 하나님 앞에 다시 일으켜 세우고, 더 깊은 사랑과 생명으로 나를 채우는 거룩한 축복이었다. 나는 그 기쁨 안에서 오늘도 내 남은 힘을 다해 주님을 향해 걸어간다.

불꽃 위에 다시 세우는 교회

2006년 12월 14일, 그날 저녁도 평소와 다를 바 없는 고요한 시간이 흐르고 있었다. 성탄절이 다가오면서 아이들은 성탄절 행사와 문학의 밤을 준비하느라 잔뜩 들떠 있었고, 성도들은 수요일 저녁 예배에 참석하기 위해 하나둘씩 교회를 향해 오고 있었다. 그러나 그렇게 평온하던 일상은 순식간에 산산조각이 나고 말았다. 1층에서 발생한 불길이 삽시간에 교회를 집어삼켰다.

교회에 도착한 성도들은 눈앞에 펼쳐진 참담한 광경에 충격과 절망에 빠졌다. 누군가는 두 손으로 얼굴을 감싸며 울부짖었고, 누군가는 다급하게 소리치며 소방관들을 도왔다. 이성이 마비된 듯 모든 것이 아수라장이 되어버렸다. 특히 나의 큰딸은 교회 안에 아직 아이들이 있을지도 모른다는 생각에 소방관들의 제지에도 아랑곳하지 않고 불길 속으로 뛰어들려 했다. "안에 있는 아이들을 구해야 해요!"

딸은 눈물로 가득 찬 눈으로 소방관들을 바라보며 필사적으로 애원했다. 그 모습을 본 성도들은 가슴이 찢어질 듯 안타까워했다. 딸의 절박한 외침과 불길 앞에서도 주저하지 않는 그 용기 앞에 모두의 심장이 함께 떨렸다. 한순간에 우리의 사랑하는 예배당은 불길에 휩싸였다.

당시 나는 분당에서 목회자 세미나에 참석 중이었고 불이 났다는 소식을 뒤늦게 전해 듣고 숨이 턱 막히는 충격 속에 망설임 없이 밤길을 차로 달려 논산으로 향했다. 교회에 도착해보니 모든 것이 끝나 있었다. 불길은 교회의 모든 것을 삼켜버린 뒤였고, 성도들은 대부분 떠난 후였다. 나는 그 자리에 남아 나를 기다리고 있던 몇몇 집사님들과 함께 다 타버린 교회를 묵묵히 바라보았다. 검게 그을리고 타다 만 잔해만이 남아 있었다. 아끼던 피아노도, 공들여 준비했던 음향 장비도 다 재가 되어버렸다. 다행히 서재 한쪽에 소중히 모아두었던 책들과 옆 상가는 하나님이 보호해 주셨다.

슬픔과 충격이 거센 파도처럼 밀려와 내 마음은 무거운 돌덩이처럼 깊숙이 가라앉았다. 불과 며칠 전만 해도 성도들과 함께 예배드리며 찬양하고 기도하던 살아 있는 공간이었다. 따뜻했던 시간들이 눈에 생생한데 이제는 모든 것이, 기억을 제외한 세상 어디에도 남아 있지 않았다. 절망과 허무함이 온몸을 휘감아, 나는 그 자리에 무너져 내리듯 무릎을 꿇었다. 한참 동안 말없이 타버린 폐허 앞에 깊고 무거운 침묵만이 우리를 감싸고 있었다.

성도들과 함께 기도로 쌓아온 시간, 정성과 헌신, 그리고 믿음이 깃든 논산한빛교회 공간이 한순간에 재가 되어 있는 모습을 바라보며 아무 말도 할 수 없었다.

"하나님, 어떻게 교회가 불에 탈 수 있습니까? 하나님께서 허락하지 않으시면 날아가는 참새 한 마리도 땅에 떨어지지 않는다고 하셨는데, 어찌하여 이런 일이 일어날 수 있습니까?"

나의 울부짖음은 공허하게 밤하늘로 흩어지는 듯했다. 캄캄한 절망의 구름 속에서 어떤 대답도 들리지 않는 것 같았다. 그 깊은 침묵 가운데 어딘가에서 미약하지만 분명한 속삭임이 들려왔다. "강 목사야, 나는 육적인 교회를 태우고 영적인 교회를 세우고 싶다. 네 손이 아닌 내 손으로 친히 교회를 짓겠다."

그 음성은 하나님께서 내게 직접 주시는 사인이었다. 지금까지 내 손으로 하나하나 세워왔다고 믿었던 모든 것들, 내 힘으로 가꿔왔다고 여겼던 교회를 이제는 완전히 내려놓고 온전히 하나님의 뜻에 맡겨야 할 때임을 알게 하셨다. 지금은 무너진 것처럼 보

불타기 전 한빛교회

일지라도 하나님께서 친히 새롭게 시작하실 것임을. 오직 그분께만 의지하며 새길을 걸어가기로 했다.

교회가 전소된 뒤 성도들의 얼굴에는 깊은 우울감이 드리워졌다. 화재의 충격이 너무 커서였을까. 이전처럼 환한 표정은 어디에서도 찾아볼 수 없었다.

나는 그들을 바라보며 조용히 입을 열었다. "하나님께서 '육적인 교회를 태우고, 영적인 교회를 세우겠다. 네 손이 아닌 내 손으로 교회를 짓겠다'고 하셨습니다. 이 일은 단지 화재로 끝나는 사건이 아닙니다. 하나님께서 분명히 일하고 계십니다. 그러니 우리 다시 밝은 마음으로 돌아갑시다. 우리 얼굴에도 밝게 미소를 띠고, 감사합시다. 하나님께 감사하며, 믿음으로 나아갑시다."

희망을 잃지 말자고, 눈물 대신 믿음을 선택하자고 성도들에게 당부했다. 불길은 우리의 교회를 앗아갔지만 하나님께서는 분명히 우리에게 새로운 기회를 예비하고 계심을 믿었다.

그때였다. 어느 집사님이 조용히 자리에서 일어나더니 갑자기 밖으로 나갔다. 무슨 일인가 싶어 바라보는데 잠시 후 빨간 넥타이를 손에 들고 돌아오셨다. "목사님, 이 넥타이를 매고 우리 다시 밝게 나아갑시다. 하나님께서 반드시 함께하실 것입니다."

나는 고개를 끄덕이며 넥타이를 목에 둘렀다. 그 순간, 마치 불길 속에서도 꺼지지 않고 남아 있던 작은 불씨가 내 안으로 옮겨와 다시 타오르기 시작하는 것 같았다. 우리의 눈물 위에 다시 희망이 피어나고 있었다.

부흥의 싹을 틔우다

우리는 함께 기도하며, 무너진 교회 재건을 위한 첫걸음을 내디뎠다. 불길이 삼켜버린 교회는 여전히 잿더미 위에 있었지만, 그 사건은 사람들의 심령에 다시금 성령의 불을 지피는 계기가 되었다. 교회를 잃은 우리는 길 위에서, 빈터에서, 어디에서든 기도를 이어갔다. 놀랍게도 불타버린 교회 자리로 학생들이 하나둘 등하교 시간에 나와 기도를 시작했다. 하나님은 잿더미 위에서도 생명의 역사를 시작하고 계셨다.

그 가운데 특히 내 가슴을 울린 사건이 있었다. 논산에서 가장 큰 교회를 이끄는 어느 목사님께서 우리 잿더미 위의 교회를 조용히 방문해 주신 것이다. 목사님은 타버린 교회 터 앞에 서서 차분히 한 구절을 꺼내셨다. 바로 욥기 23장 10절이었다. “내가 가는 길을 그가 아시나니 그가 나를 단련하신 후에는 내가 순금같이 되어 나오리라.” 그 말씀은 불에 타버린 내 심령에 깊숙이 스며들었다. 하나님께서 이 불길을 통해 우리를 단련하시고, 결국에는 순금처럼 빛나게 하실 것이라는 믿음이 내 안에 움텄다.

설교가 끝난 후, 목사님은 아무 말 없이 내 손에 봉투 하나를 쥐여 주셨다. 나는 고개를 떨구며 뜨거운 눈물을 삼켰다. 하나님께서 준비하신 위로요, 격려요, 우리가 심은 것보다 더 크게 거두게 하시는 하나님의 약속 같은 선물이었다.

목사님에 대해 오래전 이야기를 들은 적이 있었다. 당시 그 교회는 교육관과 본당을 건축하느라 큰 어려움을 겪었고, 성도들의 헌금이 끊겨 주일 설교조차 제대로 하지 못할 만큼 힘든 시절을 보내고 있다는 것이었다. 그때 나는 안타까운 마음에 그 교회에 무언가 보탬이 될 수 있기를 바라며 기도하였다.

그런 마음을 품고 있을 때 우리 교회의 어느 집사님이 나를 찾아왔다. 그분은 보약을 사 먹으라며 내게 100만 원을 건네주셨다. 집사님의 따뜻한 마음은 참으로 고마웠지만 그 돈을 내 개인적인 용도로 사용할 수 없었다. 오히려 마음 깊은 곳에서 '이 돈은 중앙장로교회에 헌금해야 한다'는 강한 감동이 일었다.

나는 곧바로 목사님을 찾아갔다. 그리고 조심스럽게 100만 원이 든 봉투를 내밀며 말했다. "목사님, 이렇게 큰 교회에 제가 헌금한다는 것이 주제넘는 일인 줄 압니다. 하지만 보약 한 첩이라도 드시라고 말씀드리려 찾아왔습니다."

목사님은 지친 얼굴이었지만 환한 미소를 띠며 이렇게 말씀하셨다. "강 목사, 내가 요즘 너무 힘들어 아사 직전이야."

목사님은 기쁨을 감추지 못하며 그 봉투를 마치 귀한 선물이라도 되는 양 조심스럽게 받아주셨다. 그리고 며칠 후, 중앙장로교회 새벽기도회 시간에 목사님은 우리 교회 이야기를 성도들에게 전해주셨다. "논산한빛교회가 100만 원을 헌금해 주었습니다." 그 말씀과 함께 눈물 섞인 감사를 전하며, 성도들에게 우리 교회를 위해 기도해 달라고 요청하셨다. 그 소식은 성도들의 마음에 큰 울림을 주었다. 그 뒤로 성도들이 새롭게 헌신하며 교회 전체가 활기를 띠게 되었다고 들었다.

그 이야기를 듣고 깊이 깨달았다. 교회는 크기나 외형이 아니라 오직 하나님의 은혜로만 살아 숨 쉬고 세워져 간다는 사실을.

그렇게 하나님이 이끄시는 신비로운 만남 속에 하루하루를 살아가던 중, 어느 날 장경동 목사님을 만날 기회가 생겼다. 조심스레 이야기를 꺼냈다.

"목사님, 논산중앙상로교회가 건축 중일 때 일이 있었습니다. 교회가 건축 자금을 모으고 있었는데, 저도 뭔가 힘이 되고 싶어 목사님께 보약이라도 한 채 드리자는 마음으로 100만 원을 헌금한 적이 있었습니다.

그런데 얼마 지나지 않아 우리 교회에 큰불이 나 모든 것이 잿더미가 되고 성도들도 절망에 빠졌던 때였습니다. 그런 상황에서 목사님이 직접 우리 교회에 찾아오셔서 무려 500만 원이라는 헌금을 해주셨습니다. 그 헌금이 우리 교회에 정말 큰 힘이 되었지요."

장경동 목사님은 내 말을 묵묵히 들으시며 따뜻한 미소를 지으실 뿐 아무 말씀이 없으셨다. 그런데 며칠 후, 나는 깜짝 놀랄 소식을 접했다. 장경동 목사님이 500만 원을 우리 교회로 보내주신 것이다. 그뿐만이 아니었다. 우리 교회를 알지 못하던 분들, 침례교단의 목사님들을 비롯한 많은 분들이 십시일반으로 도움의 손길을 내밀어 주셨다.

나는 그 모든 과정을 통해 다시 한 번 확신할 수 있었다. 사람의 마음을 움직이시는 분은 하나님이시라는 것을. 우리가 심은 작은 사랑과 정성, 그 모든 것을 하나님은 결코 잊지 않으시고 때에 맞게 넘치도록 갚아 주신다.

화재 사건 이후, 지역 신협 이사장이 조용히 찾아와 100만 원을 헌금으로 건넸다. 그분은 나와 어떤 개인적인 인연도 없었고, 교회와 특별한 관련도 없는 분이었다. 그러나 하나님께서는 그렇게 또 한 번 사람의 마음을 움직이셨다. “목사님, 혹시 제가 더 도울 수 있는 방법이 있을까요?”라는 그분의 말에 나는 조심스럽게, 그러나 감사한 마음으로 부탁드렸다. “혹시 대출이 필요할 때 도움을 받을 수 있을까요?” 그는 환하게 웃으며 약속했다. 그리고 실제로 이후 교회가 재정적으로 어려움을 겪을 때 큰 힘이 되어 주었다.

또 다른 날, 새마을금고에서도 뜻밖의 헌금이 전해져 왔다. 그곳 역시 교회에 다니는 이들과는 별다른 관련이 없는 곳이었다. 도움을 청한 적도, 요청한 적도 없었다. 그런데도 그들은 말했다. "그냥 돕고 싶은 마음이 들었습니다."

나는 그저 놀라고 감사할 뿐이었다. 하나님께서는 이렇게 사람들의 마음을 두드리시고, 보이지 않는 손으로 우리를 도우셨다. 수많은 도움의 손길이 이어지며 우리는 교회 재건의 기틀을 다질 수 있었다. 그리고 우리 교회 성도들은 이 모든 과정을 지켜보며, 사람을 통해 일하시는 하나님의 살아 계심을 눈으로 목격했다. 불이 꺼진 자리에 성령의 불이 타올랐다. 잿더미 속에서 다시 일어난 성도들, 그들의 마음속에 전에 없던 뜨거운 신앙이 자리를 잡기 시작했다. 예전에는 신앙이 미지근했던 이들조차 이제는 변하여 기도에, 예배에, 하나님을 향한 갈망에 열심을 내기 시작했다. 기도하는 손길, 예배하는 발걸음이 하나로 모여 거대한 믿음의 불꽃을 이루었다. 불은 교회를 태웠지만, 하나님은 그 잿더미 위에 새로운 부흥과 성령의 불길을 피워올리셨다.

만일 내가 책을 쓴다면 제목을 《불타는 교회 이야기》로 정해야겠다고 이따금 생각하곤 했었다. 교회 건물이 불타고 성령의 불로 다시 일어선 논산한빛교회가 많은 이들에게 영적 각성의 불씨가 되기를 간절히 바라며….

그날 이후 우리 교회는 이전과는 확연히 달라졌다. 성도들은 각자 자신의 사명을 새롭게 깨닫고, 하나님께 신뢰와 감사의 기도를 끊임없이 이어갔다. 불길 속에 사라진 것은 건물이었지만, 불길 속에서 살아난 것은 오직 하나님을 향한 뜨거운 사랑과 믿음과 열정이었다.

불이 교회를 태웠지만 그 불길은 단지 벽돌과 목재만을 태운 것이 아니었다. 그것은 우리 영혼 깊은 곳에 숨겨져 있던 낡은 껍질을 태워버렸다. 그리하여 우리는 더 순결하고 더 굳건한 신앙으로 다시 태어났다. 성령의 불이 가슴속 깊은 곳에서 타오르기 시작하여, 그 불꽃은 시간이 지날수록 더욱 거세게 번져나갔다. 이제는 누구도, 어떤 것도 그 불길을 꺼뜨릴 수 없었다.

나는 불타버린 논산한빛교회의 잿더미 앞에 서 있었다. 허탈함 대신 깊은 희망으로 가득 차 있었다. 불길이 삼켜버린 벽은 새로운 시작을 위한 공간을 열어 주었고, 무너진 기초는 더욱 단단한 신앙의 토대가 되어 주었다. 물질적인 손실 따위는 더 이상 문제가 되지 않았다. 이 땅 위에, 벽돌이나 나무가 아니라 우리 안에 심긴 성령의 불꽃이야말로 진정한 교회였기 때문이다.

검게 그을린 교회 현관문 위에 누군가 힘겹게 적어놓은 글귀가 눈에 들어왔다. "부흥케 하소서." 그 순간, 나는 알았다. 기적이 이제 논산한빛교회에 시작되었다는 것을. 그 불길 속에서, 하나님은 새로운 부흥의 역사를 이미 준비하고 계셨던 것이다.

쉬/어/가/기

2006년 교회 화재 이후 우리는 예배 처소를 전전하고 있었다. 그런 형편이었지만 우리의 가슴속에 타오르는 기도의 불씨만큼은 결코 꺼지지 않았다. 그 시기에 상하이에서 목회하던 목사님으로부터 연락이 왔다. 그는 조선족 교회 목사님으로, 내가 중국 신학교에서 강의를 할 때 인연을 맺었던 분이다. 한국에 올 때마다 종종 우리 교회를 찾아오셨던 그가 화재 소식을 듣고 먼 중국에서 논산까지 달려오겠다는 것이었다. 나는 그의 연락을 받고 진심으로 고마운 마음이 들었지만 동시에 그의 형편을 잘 알고 있었기에 오지 말라고 만류했다.

그 당시 중국 목사님들의 월 사례비는 고작 25만 원에서 30만 원 정도였다. 한국을 오가려면 두 달 치 사례비를 모아야 했고, 그마저도 빠듯한 형편이었다. 나는 마음 아프게 말했다. "목사님, 오지 않으셔도 괜찮습니다. 기도로 함께해 주시는 것만으로도 충분합니다." 그러나 목사님은 단호했다. "요즘 기도 중에 성령님께서 강하게 말씀하시는데 반드시 논산한빛교회에 가라고 하십니다."

그의 목소리에는 확고한 믿음과 결단이 담겨 있었다. 나는 더 이상 그를 만류할 수 없었다. 그의 발걸음은 인간적인 의리나 감정이 아니라 성령의 인도하심에 순종하는 사명자의 발걸음이었다.

목사님이 도착한 날, 우리는 불길 속에서 지나온 이야기들을 나누며 서로를 위로했다. 상처와 눈물로 가득했던 시간이었지만 그 속에서도 하나님께서 역사하셨음을 함께 고백하며 밤을 지새웠다. 늦은 밤, 숙소로 안내하고 잠자리에 들기 전 목사님이 나를 조용히 불렀다. "목사님, 내일 새벽예배 마치고 교회 지을 땅을 보러 갑시다."

순간 당황했다. 그때까지 나는 교회 건축에 대한 구체적인 계획을 품고 있지 않았다. 모든 것이 너무 갑작스러워 망설여졌지만 목사님의 말에는 사람의 생각을 넘어서는 성령님의 흐름이 느껴졌다. 다음 날 새벽, 우리는 새벽예배를 마친 뒤 부동산을 찾아갔다. 부동산에서는 두 곳을 추천해 주었다. 그중 한 곳이 바로 지금 논산한빛교회가 서 있는 이 자리였다. 그곳은 작은 산처럼 경사진 땅이었다. 건축을 하기에 쉽지 않아 보였다. 그러나 기도를 시작하는 순간, 마치 하늘에서 강력한 메시지가 쏟아지는 듯한 느낌이 들었다. "이곳에 교회를 세워라."

기도를 마치고 나는 조심스럽게 목사님에게 물었다. "목사님, 기도 응답을 받으셨습니까?" 목사님은 빙그레 웃으며 말했다. "먼저 이야기해 보세요." 나는 떨리는 목소리로 조심스럽게 고백했다. "저는 이곳에 교회를 지으라는 마음이 강하게 듭니다." 그 말을 듣자 목사님은 따뜻하게 고개를 끄덕이며 대답했다. "저도 똑같은 마음을 받았습니다. 이 땅이 하나님의 뜻입니다. 이곳에 교회를 세워야 합니다."

그 목사님이 담임목사인 것처럼 확신에 차서 말하는 모습을 보며, 하나님께서 그를 통해 내게 분명한 사인을 주셨음을 깨달았다. 그리고 목사님은 정말 담임목사처럼 그날부터 모든 것을 추진하기 시작했다.

그날 점심 무렵, 목사님은 교회의 중직자들을 한자리에 모아 달라고 부탁했다. 모두 모인 자리에서 그는 식사를 대접한 뒤 조용하지만 단호한 목소리로 선언했다. "우리 교회 건축위원회를 구성합시다."

그가 건축위원회를 제안하자 중직자들은 주저함 없이 일제히 손을 들며 자원했다. 나는 놀라서 그들을 말리며 물었다. "여러분, 건축위원이 무엇을 해야 하는지 알고 계십니까? 건축위원이 된다는 것은 단순한 직분이 아닙니다. 교회를 위해 기도해야 하고, 헌신해야 하며, 헌금으로 함께 짐을 져야 합니다."

그러나 그들은 이미 마음을 굳힌 듯 하나같이 고개를 끄덕였다. 그들의 눈빛에는 망설임도, 주저함도 없었다. 그날 목사님은 직접 땅을 지정해 주고, 건축위원회까지 구성해 주었다. 마치 모든 것이 이미 하나님의 큰 계획 안에 있었던 것처럼 일은 놀라울 정도로 순조롭게 진행되었다. 정말 기적 같은 일이었다.

상하이에서 먼 길을 달려온 목사님의 열정과 확신은 그가 떠난 이후에도 우리 안에 불처럼 남아 있었다. 그분이 다녀간 후 성도들은 더욱 간절히 기도하기 시작했다. 더 적극적으로 헌신하고 교회를 위해 마음과 삶을 드리기 시작했다. 불이 가져온 상처는 어느새 성령의 불로 치유되고 있었다. 잿더미 위에 새살이 돋기 시작했다. 아픔은 신앙의 뿌리가 되었고, 절망은 부흥의 씨앗이 되었다.

나는 그때 분명히 깨달았다. 이 모든 일은 하나님의 인도였다. 불길 속에서 잉태된 새 생명이었다. 목사님은 나에게 불씨를 던지고 가셨고 우리는 그 불씨를 받아 하나 되어 타오르기 시작했다. 상하이에서 먼길을 달려온 한 목사님의 기도, 그리고 그를 통해 전해진 하나님의 뜻은 논산한빛교회 잿더미 위에 부흥의 불꽃을 피워 올렸다. 그 불꽃은 단순한 건축을 넘어 믿음과 소망, 사랑에 불타는 공동체인 교회를 세우는 하나님의 위대한 역사의 시작이었다.

흙냄새 나는 교회

화재로 인해 더 이상 예배를 드릴 공간이 없었던 우리는 성도님의 식당에서, 때로는 학교 강당에서, 어떤 날은 예술의전당 같은 낯선 장소를 전전하며 예배를 드렸다. 마치 광야를 떠도는 이스라엘 백성처럼 이곳저곳을 옮겨 다니며 하나님을 찬양하고, 기도하며, 예배를 이어갔다. 안정된 예배 처소는 없었지만 우리 마음속에 타오르는 기도의 불은 결코 꺼지지 않았다. 오히려 시련 앞에서, 고난 앞에서 그 불꽃은 더 뜨겁게 활활 타올랐다. 성도들은 이 어려운 상황 속에서 오히려 더욱 단단해졌다. 흔들림 없이 한마음이 되어 하나님께 매달리고, 서로를 붙잡고, 신앙의 끈을 더욱 굳게 움켜쥐었다.

예배드릴 처소를 찾던 중, 우리는 논산의 작은 개척교회를 발견했다. 조립식 건물로 지어진 교회였고, 마침 그 교회의 목사님께서 서울로 떠나게 되어 교회를 정리할 예정이라는 소식이 들려왔다. 절실하게 예배 장소가 필요했던 터라 우리는 그 건물을 매입해 그곳에서 새로운 예배를 시작하기로 결정했다.

검게 그을린 잔해를 바라보며 망연자실했던 기억은 지금도 생생하다. 모든 것을 잃은 듯한 허탈함 속에서, 나는 다시 한 번 하나님 앞에 무릎을 꿇었다. 보험사는 조사관을 보내 건물 상태를 확인했고, 그 결과를 전해왔다. 가입액의 40%밖에 보험금이 지급되지 않을 것이라는 통보였다. 1억 6천만 원 중 겨우 40%….

턱없이 부족한 금액이었다. 그러나 그 순간에도 나는 낙심 대신 하나님께 간절히 기도드렸다. "하나님, 제발 이 보험금이 온전히 지급되게 해주십시오. 주님의 뜻이 이 일에도 함께하시길 원합니다."

며칠 뒤, 다시 보험 조사관이 교회를 방문했다. 그의 표정은 여전히 단호해 보였지만 그와 마주 앉아 대화를 나누는 동안 성령께서 내게 갑작스러운 지혜를 주셨다. 대화 중 그의 고향이 논산이라는 사실을 듣고 나는 천천히, 그러나 담담하게 입을 열었다.

"저는 충남 홍성 출신입니다. 26살 때 논산에 와서 이 땅에 청춘을 바쳤고, 지금도 논산을 지키며 살아가고 있습니다. 그런데 선생님은 고향을 떠나 대전에서 일하고 계시죠. 선생님이 떠난 고향을, 저는 떠나지 않고 지키며 이 땅의 어려운 이웃과 소년소녀 가장을 돌보고, 하나님의 일을 해왔습니다. 그러니 이 보험금, 고향을 지켜온 사람에게 필요한 만큼 지급해 주실 수 없겠습니까?"

조사관은 한동안 말없이 내 이야기를 들었다. 그리고 조용히 고개를 끄덕였다. 며칠 후, 그는 보험금 지급 보고서를 새로 작성했다. 결국 보험사는 보험금 전액 지급을 결정했다. 1억 6천만 원. 하나님께서 주신 지혜와 은혜가 아니었다면 결코 얻을 수 없는 결과였다.

그 순간, 나는 히브리서 4장 16절의 말씀을 떠올렸다. "때를 따라 돕는 은혜." 하나님은 정말로 우리에게 가장 필요한 때에, 가장 정확한 방법으로 돕는 은혜를 허락하셨다. 화재로 모든 것이 잿더미가 되었지만 하나님께서는 그 잿더미 속에서도 새로운 시작을 준비하고 계셨다.

불탄 논산한빛교회 건물을 정리하고 남은 돈은 겨우 천만 원뿐이었다. 그러나 보험금과 여러 곳에서 보내준 후원금이 더해져 총 2억 원이 모였다. 그것은 우리에게 단순한 금전적 지원이 아니었다. 새로운 교회를 세울 희망이자, 하나님께서 다시 쓰시겠다는 약속의 증거였다. 우리는 그 희망을 품고 다시 믿음으로 한 걸

음, 한 걸음 새로운 여정을 시작할 준비를 마쳤다.

지금의 논산한빛교회가 세워지기까지 우리는 참으로 많은 시간을 떠돌아야 했다. 예배 처소를 찾아 열 번이 넘는 이사를 거듭하며 2년 동안 광야생활을 하듯 이곳저곳을 전전해야 했다.

그러나 하나님은 결코 우리를 버리지 않으셨다. 고난 끝에 마침내 우리에게 새로운 터전을 허락하셨다. 바로 논산시 체육로에 위치한 1,500평의 대지. 그리고 그 위에 세워질 1,000평 규모의 교회 건물. 첫 삽을 뜨던 그날, 우리는 모두 뜨거운 눈물을 흘리며

하나님께 감사기도를 드렸다.

단순한 착공이 아니었다. 잿더미 속에서 성령의 불로 다시 태어난 교회, 바로 논산한빛교회의 새로운 시작이었다. 이 교회는 성도들의 믿음과 인내, 그리고 무엇보다 하나님의 신실하심의 증거였다. 화재는 겉으로 보기엔 모든 것을 앗아간 듯했지만 지금 돌이켜보면 그 모든 일은 하나님의 더 크고 놀라운 계획을 이루는 과정이었다.

논산한빛교회는 그렇게 새롭게 태어났다. 우리는 교회를 통해 하나님의 사랑과 영광을 증거하는 사명을 이어가고 있다. 그리고 언제나 마음 깊이 기억한다. 그 고난의 시간마다 우리를 붙들어 주셨던 하나님의 은혜를. 그 은혜가 있었기에 우리는 무너진 자리에서 다시 일어설 수 있었고, 잿더미 속에서도 하나님 나라의 꿈을 노래할 수 있었다. 모든 영광을 하나님께 올려드린다.

3부

기도의 꽃이 활짝 피다

가장 먼 곳이
가장 가까운 꿈이 되기까지

명절날, 온 가족이 함께 모여 시끌벅적한 집에서 나는 조용히 TV 앞에 앉아 채널을 넘기고 있었다. 온갖 드라마와 예능 프로그램이 번갈아 나오던 중, 우연히 눈을 사로잡는 장면을 보게 되었다. 남수단의 황량한 풍경, 그리고 그 땅에 깊게 자리 잡은 전쟁과 가난. 그 속에서 고통받는 사람들을 위해 자신의 모든 것을 내려놓고 함께 생활하며 소망을 전하는 이태석 선교사의 삶이 소개되고 있었다.

나는 숨을 멈추고 화면에 몰입했다. 그분의 모습이 가슴 깊숙한 곳에 불을 지폈다. 그분의 헌신과 사랑은 내 마음속에 오래 잠들어 있던 무언가를 깨웠다. 그 장면을 지켜보며 나도 모르게 이런 생각이 들었다. '어쩌면 나도 이와 같은 길을 걸어야 할지도 모른다.'

그날 밤, 이불을 머리까지 덮고 누워 눈을 감았지만 마음속 소용돌이는 가라앉지 않았다. 가슴 한복판이 뜨겁게 요동쳤다. 결국 하나님께 기도하며 물었다. '하나님, 왜 제 마음이 이토록 요동치는지 알게 해 주세요.'

사실 마음 깊은 곳에는 오래전부터 품어온 꿈이 하나 있었다. 바로 대안학교를 세워, 교육의 문턱조차 넘기 어려운 아이들에게 희망의 불씨를 심어주는 것. 세상 한구석에서 외면당하는 아이들에게 배움의 기회를 주고, 그들의 마음속에 미래를 향한 꿈을 심어 주는 것이었다.

그러나 현실은 내 꿈을 자꾸만 뒤로 물러서게 했다. 학교를 세운다는 것은 결코 의지만으로 이루어질 일이 아니었다. 수많은 법적 규제와 복잡한 절차, 그리고 예상치 못한 한계들이 내 앞을 가로막고 있었다. 어쩌면 이 꿈을 접어야 할지도 모른다는 씁쓸한 생각이 마음 한구석을 무겁게 짓눌렀다. 그렇게 포기하려는 순간, 문득 한 가지 생각이 번개처럼 떠올랐다. '정말 힘든 곳이라면, 어쩌면 그곳에서는 벽들이 더 낮을지도 몰라.'

내가 꿈꾸던 대안학교는 상류층 자녀들을 위한 화려한 교육기관이 아니었다. 학교에서도 가정에서도 버려진 아이들, 상처투성이 영혼들을 품을 수 있는 진정한 쉼터 같은 학교였다. 세상은 그 아이들을 외면했지만 나는 그들이 하나님의 사랑 안에서 회복되기를 간절히 바랐다. 깨진 그릇 같은 아이들이 토기장이의 손 아래에서 새로운 생명을 얻게 되기를 꿈꿨다. 또한 내가 꿈꾸던 대안학교는 굳이 세상의 기준에 맞출 필요가 없었다. 퇴학을 당한 아이도, 가정에서 버림받은 아이도 품을 수 있는 학교. 그들에게 안전한 집이 되어 줄 수 있는 곳. 그러나 현실은 냉혹했다. 한국에서 그런 꿈을 이루기엔 넘어야 할 벽이 너무도 높았다. 나는 스스로에게 물었다. '세계에서 가장 소외된 곳, 가장 손길이 필요한 땅은 어디일까?'

생각을 거듭하던 끝에, 하나의 이름이 마음속에 또렷하게 떠올랐다. 아프리카. 교육이 절실히 필요한 땅. 사랑과 관심을 애타게 기다리는 땅. 아프리카라면 내가 꿈꾸던 대안학교의 모델을 보다 순수하게, 자유롭게, 아이들의 삶을 변화시키는 작은 불씨로 시작할 수 있을지도 모르겠다는 생각이 들었다. 기도를 마친 나는 숨을 길게 고르고 마음 깊은 곳에 번져오는 묘한 설렘을 느꼈다. 아프리카, 그 땅이 마치 내게 손짓하는 것만 같았다.

그 이후로 나는 매일 아프리카를 위해 기도하기 시작했다. 그곳을 위해 내 삶의 일부를 헌신할 준비를 하며, 언젠가 그곳에 발을 내딛게 되길 간절히 소망했다. 그러나 마음속 깊은 곳에서는 알고 있었다. 막연히 기다린다고 그 기회가 쉽게 찾아오지는 않으리라는 것을. 하나님의 때는 언제나 우리의 계산을 초월하기 때문이다. 몇 달이 지난 어느 날, 동기 목사에게 한 통의 전화가 걸려왔다.

아프리카에서 목회자 세미나를 해달라는 부탁이었다. "한번 다녀오시는 게 어떻겠습니까?"라는 그 말이 끝나기가 무섭게 나는 한 치의 망설임도 없이 대답했다. "네, 가겠습니다!" 순간 목사님은 놀란 듯 웃으며 물었다. "어떻게 그렇게 쉽게 대답하십니까?"

나는 고개를 숙이며 조용히 미소 지었다. 그리고 담담하게 대답했다. "오랫동안 아프리카를 위해 기도해왔습니다. 그곳은 제 마음이 이미 준비된 곳입니다."

그 말은 단순한 결심을 넘어 기도로 익숙해진 땅을 향한 진심어린 고백이었다. 그때 나는 확신했다. 아프리카를 향한 여정은 나의 뜻이 아니라 하나님의 뜻이라는 것을, 이미 기도로 닦은 길을 따라 향하고 있다는 것을, 기도하며 품어 왔던 땅을 내 발로 밟을 시간이 다가오고 있었다.

황토 위에
심은 사랑

아프리카를 향한 첫 발걸음은 목회의 또 다른 장을 여는 시작이었다. 긴 시간 기도로 준비해 온 헌신의 시작이었고, 하나님께서 주신 부르심의 의미를 다시금 찾는 여정이기도 했다. 나는 사랑하는 동역자인 황일구 목사 부부와 함께 18시간에 걸친 비행 끝에 아프리카에 도착했다. 그곳은 TV 화면으로 보던 것과는 비교할 수 없이 더 강렬하고 생생했다. 건조하고 황량한 풍경, 그 속에서 힘겹게 살아가는 사람들. 무거운 삶의 짐을 짊어졌지만 여전히 웃음을 잃지 않는 순수한 아이들의 얼굴. 나는 그곳에 서서 확신했다. '그동안 품어왔던 꿈이, 바로 이곳을 위한 것이었구나.' 그곳은 나의 마음이, 나의 기도가, 나의 헌신이 향해야 할 땅이었다.

첫 방문 이후, 나는 아프리카 땅과 사람들을 위해 끊임없이 기도하며 다시 만날 날을 손꼽아 기다렸다. 그리고 그 기다림 끝에 하나님께서는 또 한 번 길을 열어 주셨다. 이듬해, 나는 다시 아프리카 목회자 세미나에 초대받았고 이번에는 혼자가 아니었다. 20명이 넘는 우리 교회 성도들과 함께 아프리카를 향해 발걸음을 내딛게 된 것이다. 함께 땅을 밟고, 함께 아이들을 만나고, 함께 하나님 나라를 꿈꾸는 여정. 그것은 단순한 여행이 아니라 하나님의 꿈을 함께 이루어가는 사명의 여정이었다.

도착 후, 우리는 지난번 방문했던 마사이 지역으로 발걸음을 옮겼다. 성도들은 영화에서 보았을 전통 복장을 하고 칼을 찬 마사이 부족 사람들의 모습을 떠올렸고, 기대와 설렘으로 가슴이 부푼 듯했다. 그러나 그들을 만난 순간 눈앞에 펼쳐진 것은 꿈꾸던 환상과는 전혀 다른 현실이었다. 전기도 없고 물도 턱없이 부족한 척박한 환경. 뜨거운 태양 아래 바람만이 먼지를 몰아오는 그곳에서 마사이 사람들은 여전히 굳세게 그들만의 삶을 이어가고 있었다. 특히, 그들의 아이들이 다니는 유치원은 나무와 덩굴을 대충 엮어 만든 허름하고 위태로운 공간이었다.

성도들과 함께 유치원을 찾아가 준비해 온 학용품을 하나씩 꺼내었다. 낡은 책상, 먼지 쌓인 바닥, 어둡고 침침한 실내. 그럼

2019 탄자니아 목회자 세미나

에도 불구하고 아이들은 우리를 향해 빛나는 눈동자로 바라보았다. 환경은 열악했지만 그들의 눈빛에는 호기심과 기대가 가득했다. 나는 그 순간 마음 깊이 되새겼다. '이 아이들에게 정말 필요한 것은 무엇일까? 내가 이들에게 전해야 할 진정한 선물은 무엇일까?' 그저 학용품 몇 개로 끝낼 수 없는, 이들의 삶에 진짜 빛을 비추어 줄 소망과 사랑, 복음을 전해야 한다는 사명이 내 가슴 한가운데 강렬하게 자리 잡았다.

우리가 도착했다는 소식이 퍼지자 마사이 사람들이 하나둘 모여들기 시작했다. 좁은 공터는 어느새 사람들로 가득 찼다. 나는 그곳 한가운데에 섰다. 뜨거운 햇살 아래, 먼지와 바람이 흩날리는 자리에서 나는 예수님의 복음을 전하기 시작했다. 성도들과 함께 정성껏 준비한 물품을 나누어주며, 예수 그리스도의 사랑과 희망을 이야기했다. 그들의 언어로 통역되어 전달되는 복음의 메시지. 간절한 마음으로 선포했다. "예수님은 여러분 삶의 길을 인도하실 유일한 분입니다. 예수님 안에서 진정한 소망을 찾을 수 있습니다." 그리고 조심스럽게 요청했다. "혹시 오늘, 예수님을 여러분의 개인적인 구주로 영접하고 싶은 분이 있다면 손을 들어 주시겠습니까?"

잠시 침묵이 흘렀다. 나는 조용히, 그러나 간절히 기도했다. "주님, 이들의 마음에 직접 말씀하여 주옵소서." 그리고 마침내 한 사람, 두 사람씩 조심스럽게 손을 들기 시작했다. 곧이어 그 흐름은 점점 커져, 그곳에 모인 마사이 사람들의 약 70%가 예수님을 영접하는 결심을 했다. 그 장면을 보는 순간, 내 가슴은 뜨겁게 요동쳤다. 눈물이 핑 돌았다. '이 길이 바로 내가 가야 할 길이었구나.'

그날 이후로 아프리카는 내 삶의 목적이 되었다. 그곳 사람들과 함께 울고 함께 웃으며, 나는 진심으로 그들의 친구가 되어가고 있다. 이제는 알고 있다. 내 선택이 아니라 하나님께서 오래전부터 준비하신 부르심이었다는 것을. 그 부르심은 내가 살아 있는 동안 계속 이어가야 할 사명임을.

푸른 하늘 아래,
지팡이를 건네받다

그날도 아프리카의 하늘은 한없이 푸르고 또 높았다. 마사이 마을에서 예수님의 복음을 전하며 수많은 사람들이 예수님을 구주로 받아들이는 모습을 본 나는 감격스러운 마음을 안고 일행들과 함께 25인승 버스를 향해 걸음을 옮겼다. 모든 것이 꿈처럼 느껴졌다. 하지만 그것은 분명한 현실이었다. 그때, 멀리서 누군가 급히 달려오는 모습이 보였다. 가까이 다가온 사람은 다름 아닌 마사이 부족의 족장이었다. 숨을 몰아쉬며 내 앞에 선 족장은 결연한 표정으로 나를 바라보았다. 그의 손에는 반짝이는 나무 지팡이가 들려 있었다. "목사님!"

족장은 말문을 열었고, 옆에 있던 선교사님이 조심스럽게 그의 말을 전해 주었다. "이 지팡이는 마사이 부족을 상징하는 것인데 족장님께서 당신을 우리 부족의 명예 추장으로 임명하고 싶다고 하십니다."

내 심장은 점점 빠르게 뛰기 시작했다. 나는 잠시 멍한 상태로 족장을 바라보았다. 그의 엄숙한 눈빛은 많은 것을 전하고 있었다. 나는 숨을 고르며, 그가 내민 지팡이를 두 손으로 건네어 받았다. 지팡이를 쥔 손끝이 떨리는 것을 숨길 수 없었다. 그 떨림은 두려움이었을까, 책임감이었을까, 아니면 깊은 감격의 혼합이었을까. 하지만 분명한 것은 그 지팡이와 함께 족장의 마음이 고스란히 전해졌다는 사실이었다.

"많은 이들이 우리 마사이를 방문했지만 당신처럼 진심으로 예수 그리스도의 복음을 전해 준 사람은 처음입니다. 당신의 메시지를 듣고 우리 부족민들 중 많은 이들이 예수님을 구주로 받아들이기로 결단했습니다."

족장의 말에 나는 마음 깊은 곳에서 조용히 감사의 기도를 올렸다. 그때 주위에 모여 있던 마사이 부족민들이 하나둘 우리 일행에게 다가오기 시작했다. 그들은 자신들이 소중히 여기는 전통 목걸이를 하나씩 우리 목에 걸어 주었다. 그 목걸이들은 그들이 직접 만든 정성과 사랑이 담긴 소중한 장신구였다. 그들의 따뜻한 손길과 눈빛을 느끼는 순간, 나는 깨달았다. '이곳은 더 이상 낯선 땅이 아니다. 이들은 이제 나의 가족이다.'

버스에 올라타 창밖을 바라보니 마사이 부족민들이 손을 흔들며 환하게 웃고 있었다. 그 모습은 마치 '언제든 다시 돌아와 주세요'라고 말하는 듯했다. 그날 나는 아프리카의 드넓은 땅 위에서 예수님의 사랑이 퍼져나가는 소리를 들었다. 그리고 손에 들려 있는 지팡이를 바라보며 마음 깊이 결심했다. '이들에게 하나님의 사랑을 전하기 위해 내가 이곳에서 해야 할 일들을 더욱 깊이 생각하고 실천하며 살아야겠다.' 그들이 나를 명예 추장으로 받아들여 준 것처럼 나도 그들을 내 삶의 일부로, 내 가족으로 받아들이며 함께 살아가겠다고 다짐했다.

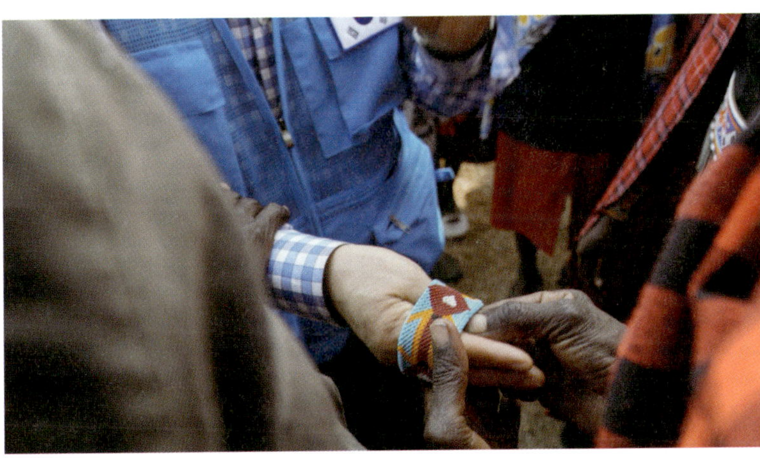

2023 마사이족 환영 축제 및 나보이쇼 축복학교 준공예배

눈물 위에 세워지는 3천 개의 교회

마사이족 족장에게서 받은 족장봉을 든 채 버스에 올라탄 나는 눈물을 쏟아내고 말았다. 창밖으로 펼쳐진 마사이 부족민들의 모습이 눈에 아른거렸다. 손을 흔들며 웃고 있는 그들의 얼굴, 그 속에 담긴 순수함과 따뜻함이 가슴을 울렸다. 내가 받은 감동은 말로 다 표현할 수 없을 만큼 컸다.

버스가 천천히 출발하자 나는 고개를 숙이고 간절히 기도했다. '하나님, 저들에게 정말 필요한 게 무엇입니까? 예수님의 복음이면 충분하다고 생각하지만 벽돌로 된 교회를 지어 주는 것이 그들에게 도움이 될까요?'

기도를 마치고 나는 동행한 선교사에게 조심스럽게 물었다. "교회를 벽돌로 새로 짓는다면 비용이 얼마나 들까요?" 선교사는 잠시 생각하더니 대답했다. "한 350 정도면 됩니다." '하나님, 아프리카 곳곳에 교회를 몇 개나 세워야 할까요?' 나는 버스 안에서 눈물로 기도했다. 하나님께서 구체적인 답을 주실 때까지 포기하지 않고 간절히, 또 간절히 기도했다. 100개일까, 200개일까, 머릿속에는 수많은 숫자들이 떠올랐다. 그러나 하나님은 아직 구체적인 응답을 주시지 않았다.

아프리카에서 돌아온 뒤에도 계속해서 기도했다. 아프리카에 새로운 교회를 세우는 것이 정말로 하나님께서 나에게 원하시는 일인지, 다시 한 번 분명한 확신을 얻고 싶었다. 그래서 선교사에게 전화를 걸어 다시 물었다. "교회 하나를 벽돌로 짓는 데 정말 350만 원이 맞나요?" 선교사는 변함없이 대답했다. "네, 목사님. 변동 없습니다. 350만 원이면 충분합니다."

나는 다시 무릎을 꿇었다. 그리고 간절히 하나님께 여쭈었다. '하나님, 몇 개의 교회를 세워야 합니까? 1,000개입니까, 아니면 2,000개입니까?' 그렇게 묻고 기도하는 동안 내 마음속에 불현듯 '3,000'이라는 숫자가 떠올랐다. 3천 개. 나는 놀라지 않을 수 없었다. 그것은 한 개인이 감당하기엔 너무도 어마어마하고 버거운 숫자였다. 나는 다시 하나님께 물었다. '하나님, 왜 저입니까? 도시에 큰 교회들도 많고, 후원이 풍성한 교회들도 많은데, 왜 하필 이런 시골에 있고 형편도 넉넉지 않은 저희 교회를 부르십니까?'

그때 하나님의 음성이 내 마음 깊은 곳에 울려 퍼졌다. "강 목사야, 너는 감동을 받으면 즉시 순종하잖아. 그래서 너를 선택했다." 나는 그 음성을 듣는 순간 눈물이 쏟아졌다. 주저앉아 무릎을 꿇고 고백했다. "하나님, 언제든 주님께서 말씀하시면 저는 즉시 움직이겠습니다. 주님 말씀만 있다면 두려움 없이 따르겠습니다."

그러나 곧 현실적인 걱정이 다시 밀려왔다. 3천 개의 교회를 세우려면 정말 어마어마한 재정이 필요했다. 나는 다시 간구했다. "하나님, 그 사명을 감당할 수 있도록 재정을 주세요. 주님께서 맡기신 일을 포기하지 않게 해주세요."

그러자 하나님께서 다시 조용히 내 마음에 말씀하셨다. "강 목사야, 네가 지금까지 30년 넘게 사역을 하면서 돈이 없어서 내 일을 못한 적이 있느냐?"

그 음성을 듣고 지난 시간을 돌아보았다. 정말 그랬다. 언제나 하나님의 일이 앞설 때, 필요한 것은 때마다 공급되었다. 한 번도 돈이 없어서 멈춰야 했던 적은 없었다. '네가 입을 벌리면 준비된 사람을 만나게 할 것이다. 교회를 건축할 사람, 유치원을 건축할 사람, 학교와 병원을 건축할 사람은 모두 준비되어 있다'는 것이었다. 그제야 나는 깨달았다. 하나님은 내 믿음을 시험하시는 것이 아니라 나의 신뢰를 다시 새롭게 하기를 원하셨던 것이다.

나는 다시 고백했다. "하나님, 그렇습니다. 저는 지금까지 주님께서 주신 사명만 붙잡고 달려왔습니다. 주님의 인도하심을 따라 걸어가겠습니다. 3천 개의 교회를 세우라는 주님의 부르심에, 제가 가진 모든 것을 드리겠습니다."

나는 결심했다. 3천 개의 교회를 세우는 이 사명, 믿음으로, 순종으로, 하나님만 바라보며 완주하겠다고. 그리고 이것은 인간의 힘이 아니라 오직 하나님의 능력으로 이루실 일이다. 끝까지 나는 그 길을 걷겠노라고 마음 깊이 다짐했다.

2019 뉴예루살렘교회 건축

2019 탄자니아 교회 건축

2023 케냐 3,000교회 입당예배

작은 천막 위의 거대한 길

한때 천막 위에 얹혀 세워졌던 논산한빛교회는 세상의 눈으로 보면 그저 작고 연약한 교회에 불과했다. 그러나 하나님께서는 천막교회를 통해 아프리카와 연결되는 길을 열어 주셨고, 마침내 아프리카에 3천 개 교회를 세우는 거대한 비전까지 내게 맡기셨다. 나는 이 과정을 통해 분명히 깨달았다. 하나님은 일을 시작하시기 전에 언제나 '간증'을 준비하신다. 언뜻 우연처럼 보였던 일들이 모두 하나의 큰 그림 속에서 연결되어 있었다. 하나님은 이미 오래전부터 나를 준비시키고 계셨던 것이다. 그리고 그 사실을 깨달을 때마다 나는 마음 깊은 곳에서부터 감사하지 않을 수 없었다. 나는 종종 하나님께 묻곤 한다. "하나님, 왜 하필 저입니까? 논산의 작은 교회에서 어떻게 아프리카를 품고 그곳에 교회들을 세우게 하셨습니까?"

논산은 서울이나 대전처럼 크고 번화한 도시가 아니다. 인구 11만 명 남짓한 작은 도시에 큰 재정적 지원을 기대하기 어려운 환경이다. 하지만 바로 그곳, 아무것도 대단할 것 없는 곳에서 아프리카를 향한 꿈을 꾸고, 그 꿈을 실현해 나간다는 것 자체가 나에게는 벅찬 은혜였고, 가슴 떨리는 일이었다.

예전에 아프리카에 교회 다섯 개를 세웠다며 간증하는 사람들을 부러워한 적도 있었다. 그러나 이제는 하나님께서 내게 3천 개의 교회를 세우는 비전을 주셨다. 우리 교회와 성도 역시 그 비전을 가슴에 품고 함께 한 걸음 한 걸음 나아가고 있다. 하나님께서 예비하신 사역이 우리 같은 작은 교회를 통해 이루어지고 있다는 사실, 그것이 내게는 무엇과도 바꿀 수 없는 영광이며 감사이다. 나는 안다. 하나님은 사람을 쓰실 때 간증을 주신다는 것을. 그리고 나는 그분이 써 가시는 그 놀라운 이야기 속에 순종으로 이름을 올린 작은 존재일 뿐이다.

아프리카 사역을 시작하면서 하나님께서는 내게 두 가지 분명한 비전을 주셨다. 3천 개의 교회를 세우는 것과 100명의 20대 선교사를 파송하는 것. 굳이 '20대'라고 강조하는 이유가 있었다. 요즘 선교지를 향하는 많은 이들이 은퇴 후 사역을 결단하지만 그분들 중 상당수는 언어와 지리에 익숙하지 않다. 현지 문화를 이해하거나 새로운 환경에 적응하는 것도 쉽지 않다. 결국 선교지에 도착해서도 사역이 원활하지 않고, 오히려 기존 선교사들에게 짐이 되는 경우도 있었다. 하지만 20대라면 다르다. 그들은 젊기에 2년 정도만 집중해도 언어를 배우고, 문화를 익힐 수 있다. 그렇게 준비되면 앞으로 40년 이상을 선교지에서 하나님의 도구로 살아갈 수 있다. 그들의 젊음은 선교지에서 무엇보다 큰 자산이 된다.

또 하나, 내게 주어진 중요한 깨달음은 전도의 대상에 관한 것이었다. 한국 교회는 주로 어른들을 대상으로 전도한다. 물론 어른들을 향한 복음 사역도 중요하다. 하지만 나는 절실히 느꼈다. 젊은 세대와 아이들을 전도하는 것이 더 시급하다. 어른들은 이미 삶의 틀이 굳어져 있지만 10대와 20대는 아직 인생을 시작하는 단계다. 그들을 복음으로 세우면 살아가는 긴 시간 동안 더 많은 사람에게 예수님의 복음을 전할 수 있다. 젊은 영혼 하나를 구하는 것은 단순히 한 사람을 구원하는 것이 아니다. 그 영혼을 통해 앞으로 50~60년 동안 퍼질 복음의 파도가 시작되는 것이다.

예를 들어, 지금 초등학교 6학년 학생이 10년 뒤면 직장인이 된다. 많은 사람이 아직 어리다고 생각하지만 그들은 곧 미래의 일꾼이 되고, 복음을 전할 선교사가 될 수 있다. 나는 그 사실을 늘 가슴에 새겼다. 그러나 안타깝게도 한국 교회는 젊은 세대에 대한 투자가 많지 않다. 어른 중심의 사역에 집중하면서, 정작 교회의 미래를 짊어질 세대에 대한 관심은 점점 희미해지고 있었다. 나는 그것이 참으로 안타까웠다. 젊은 세대에 대한 투자야말로 교회의 장기적 성장과 부흥의 가장 중요한 열쇠인데도 말이다. 나는 확신했다. '지금 아이들에게 복음을 심으면 미래에 수십 배, 수백 배의 열매를 거두게 될 것이다.'

그리고 이러한 사명을 품고 나아갈 때 하나님께서 놀라운 방법으로 필요한 사람들을 미리 예비해 두셨다는 사실을 몸소 체험하게 되었다. 아프리카 사역 이야기를 전할 때마다 하나님은 사람들의 마음을 감동시키셨고, 준비된 사람들이 하나둘 일어나기 시작했다. 대전의 ○○교회 목사님의 사모님도 아프리카 선교 이야기를 듣고 이렇게 결심했다. "우리 교회가 100개의 교회를 세우겠습니다."

그 말에 나는 가슴이 벅차올랐다. 하나님께서 정말로 예비된 사람을 보내주시고, 그들의 헌신을 통해 교회를 세워가신다는 사실을 눈으로 확인할 수 있었다. 어느덧 세월이 흘렀다. 5~6년의 시간이 지났고, 지금까지 많은 교회가 세워졌다.

나를 통해 직접 세워진 교회도 있었고, 소문을 듣고 선교사님께 후원금을 보내 지어진 교회들도 많았다. 그뿐만 아니라 마사이 지역에는 초등학교도 하나 세웠고, 의료 시설이 턱없이 부족한 곳에는 보건소를 지었다. 물이 없어 고통받는 마을에는 수도 시설을 연결해 주었다.

이 모든 일들은 오직 하나님의 은혜요, 오직 하나님의 인도하심과 하나님께서 예비하신 사람들의 헌신이 만들어낸 열매였다. 나는 오늘도 믿는다. 하나님은 여전히 준비하고 계시고, 우리가 순종할 때마다 새로운 길을 열어 가신다는 것을.

나는 하나님께서 주신 사명과 비전을 이루어 나가는 과정 속에서 늘 깨닫는다. 내가 얼마나 작은 존재인가를. 때로는 내 부족함이 선명하게 보이고, 내 힘으로는 도저히 이 거대한 일을 감당할 수 없다는 절망감이 밀려오기도 한다.

그때마다 하나님께서는 늘 놀랍고 위대한 큰일들을 이루신다. 하나님께서는 당신의 위대한 스토리 안에 나를 불러 주시고, 나를 그 이야기의 한 장면에 세워 사용하고 계신다. 그 사실을 경험할 때마다 내 마음은 감사와 감동으로 가득 찬다.

나의 사명은 내 능력에 달려 있지 않다. 오직 하나님께서 하시겠다는 약속에 달려 있다. 나는 그저 순종할 뿐이다. 작은 한 걸음, 작은 헌신을 드릴 뿐이다. 그러면 하나님께서 그 순종을 통해 놀라운 역사를 써 가신다. 그래서 나는 오늘도 기도한다. '하나님, 저는 작고 부족하지만 주님의 손에 들린 작은 도구로 쓰임받기를 원합니다. 끝까지 순종하며, 주님이 쓰시는 역사 속을 함께 걸어가고 싶습니다.'

2023 냐캄바 교회 및 간호보건대학 기공식

와토토(Watoto, 스와힐리어 "아이들") 축제와 한빛랜드의 시작

무더운 여름날, 탄자니아의 광활한 들판 위로 태양은 뜨겁게 내리쬐고 있었다. 흙먼지가 자욱한 마을 골목을 따라 아이들이 하나둘 모여들기 시작했다. 얼굴에는 기대와 설렘이 가득했다. 오늘은 논산한빛교회 선교팀이 준비한 전도축제가 열리는 날이기 때문이다. 아이들의 환한 웃음과 분주히 뛰어다니는 모습에 나

역시 가슴이 뛰었다. '오늘은 이 아이들에게 특별한 날이 될 것이다.' '하나님은 이곳 탄자니아에 특별한 계획을 가지고 계신다.'

현지 선교사님이 "목사님, 내년엔 이곳 탄자니아에서 다음 세대 1만 명을 대상으로 전도축제를 열어보면 어떨까요?"라고 했고 나는 그 말을 듣는 순간 머뭇거림 없이 웃으며 대답했다. "그럽시다." 망설임은 없었다. 주저할 이유도 없었다.

내 대답에 선교사님은 고개를 끄덕이며 환하게 미소 지었다. 그 순간 옆에 있던 아내가 내 팔을 끌어당겼다. "여보, 그렇게 큰 목표를 세우기 전에 먼저 우리 논산한빛교회에서 먼저 해보는 게 어때요? 우리도 아직 이런 행사를 해본 적 없잖아요." 나는 순간 멈칫했다. 탄자니아에서 1만 명을 모아 전도축제를 연다는 것은 정말 어마어마한 도전이었다. 아직 논산에서도 시도해 본 적 없는 일을 먼저 다른 나라에서 시도한다는 것이 조금 무모할 수도 있었다.

'그렇다면 한국에서. 우리가 있는 논산에서부터 시작해 보는 건 어떨까?' 그날 밤, 기도하며 마음을 다잡았다. '그래, 먼저 한빛랜드를 논산에서 열어보자.' 이렇게 해서 '한빛랜드'라는 어린이와 다음 세대를 위한 전도축제를 시작하게 되었다. (이 이야기는 뒤에서 소개하겠다.)

처음엔 1만 명의 탄자니아 주민들을 위한 대형 전도축제를 계획했다. 그러나 준비를 진행하던 중 탄자니아 정부의 권유로 규모를 조정하게 되었다. 5천 명. 숫자는 줄었지만 우리의 열정은 결코 줄어들지 않았다. 마음을 다잡고 5천 명을 위한 준비에 본격적으로 돌입했다.

행사장 한쪽에서 소 3마리를 잡아 솥을 걸어 밥을 하고 또 다른 쪽에서는 도시락 5천 개를 하나하나 정성스럽게 만들었다. 빵 굽기 팀도 따로 꾸려졌다. 그들은 새벽부터 모여 정성껏, 부지런히 6천 개의 빵을 구워냈다. 매콤하고 구수한 냄새가 행사장 곳곳을 감돌며 사람들의 기대감을 한껏 끌어올렸다.

지역 주민들과 함께 소 3마리를 잡고, 도시락을 만들고, 빵을 굽는 이 모든 과정은 하나하나가 기도와 사랑의 열매였다. 모든 준비가 차곡차곡 갖춰지고, 드디어 축제의 날이 다가왔다. 하나님께서 허락하신 이 자리에서 우리는 5천 명을 품는 전도축제를 드릴 준비를 마쳤다. '주님, 이제 모든 것이 준비되었습니다. 이제 주님께서 역사하여 주옵소서.' 나는 그렇게 마음속으로 간절히 기도하며 다가올 은혜의 시간을 기대했다.

축제 당일, 들뜬 주민들은 삼삼오오 모여들었고, 아이들의 웃음소리가 메마른 대지를 울렸다. 논산에서 치렀던 한빛랜드처럼 화려한 놀이기구나 거창한 무대는 없었다. 그러나 사람들의 손과 손이 맞닿아 만든 따뜻한 분위기만으로도 이곳은 이미 충분히 빛나고 있었다. 모든 행사는 하나님의 은혜 가운데 성황리에 진행되었다. 참가한 사람들의 얼굴에는 행복과 기쁨의 미소가 가득 번졌다.

이듬해, 아프리카에서 다시 우리를 기다리는 기쁜 소식이 들려왔다. "이번에는 더 많은 사람이 참여하고 싶어 합니다!" 현지 주민들 사이에 소문이 퍼지면서 축제에 대한 기대감이 걷잡을 수 없이 커지고 있었다. 우리는 결심했다. '올해도 아프리카로 가자. 이번엔 더 아름답게, 더 풍성하게.' 모두가 설레는 마음으로 기도하며 준비에 나섰다.

드디어 다시 찾아온 축제 당일. 우리 팀은 환호와 박수 소리 속에서 5천 명이 넘는 현지 아이들을 맞이했다. 와토토 행사장은 사람들로 가득 메워졌다. 현지 음악이 울려 퍼지고, 곳곳에서 흥겨운 춤이 벌어졌다. 아이들은 장난감을 손에 쥐고 환하게 웃었고, 어른들도 밝은 미소로 하루를 만끽했다. 복음이 흐르는 축제, 사랑이 넘치는 잔치. 모든 순간이 하나님의 기쁨으로 물들어갔다. 축제는 성황리에 막을 내렸다. 모두가 온종일 뛰어다니느라 지쳐 있었지만 기쁨, 감사, 그리고 은혜가 우리 모두의 얼굴에 선명하게 새겨져 있었다.

2024 와토토 페스티벌(탄자니아 은혜 신학교)

2023 5천 명 어린이 전도축제(와토토 페스티벌)

쉬/어/가/기

세종에 새로 얻은 크리스마스 상가에 교회를 세워 새롭게 꾸미고 등기를 마치자 모든 것이 제자리를 잡은 듯했다. 5칸의 상가 공간은 예배실, 교육관, 사무실, 그리고 주일에만 운영되는 카페 겸 식당으로 꾸며졌고, 우리는 그곳에서 새로운 예배의 삶을 시작했다.

한편, 이웃 상가 한 칸은 내 개인 명의로 등기했는데 세금만 2,100만 원을 납부했다. 1년 넘게 이 공간을 교회 식당 및 카페로만 사용했다. 1년이 지난 후 교회 공간을 세금을 내고 사용한 것이 아깝다는 생각이 들었다. '내가 이미 납부한 2,100만 원을 혹시 환급받을 수 있을까?' 마음속에 작은 희망이 피어올랐고, 세금 납부 용지를 들고 세종시 세무과를 찾았다.

창구에 앉아 담당 직원에게 조심스레 말을 꺼냈다. "이 공간은 교회로 사용했지 이곳에서 장사를 한 적은 없습니다. 혹시 세금을 돌려받을 수 있을까요?"

직원은 서류를 훑으며 다소 의아한 표정을 지었다. "불가능할 것 같습니다." 묵직한 분위기가 감돌았다. 그 순간, 나는 마음속으로 조용히 기도했다. '하나님, 이 세금을 돌려받아 아프리카의 어려운 아이들을 돕고 싶습니다. 저에게 지혜를 주시고, 제 마음이 이 직원에게 전해지게 해주세요.'

기도를 마치자 하나님께서 내 마음에 무엇을 말해야 할지 정확히 알려주셨다. 나는 조심스레 다시 말했다. "선생님, 사실 저는 이 돈을 꼭 돌려받을 수 있을 거라 확신하지는 않습니다. 하지만 선생님은 방법을 아시잖아요? 만약 이 돈이 돌아오게 된다면, 저는 이 돈을 교회가 아니라 아프리카의 어린아이들을 돕는 데 쓰겠습니다." 그 말을 들은 직원은 순간 멍한 표정으로 나를 바라보았다. 그리고 잠시 후 조용히 고개를 끄덕였다.

두 달 열흘 후, 하나님은 응답하셨다. 2,100만 원 전액이 환급되었다. 그 돈은 나의 아프리카 선교를 위한 첫 씨앗이 되었다. 하나님의 지혜와 섭리, 그리고 순종의 발걸음이 아니었다면 이 놀라운 일은 결코 일어날 수 없었을 것이다. 나는 그날, 하나님의 공급하심을 또 한 번 깊이 체험했다. 그리고 확신했다. '하나님은 반드시, 순종하는 자에게 길을 여신다.'

하나님이
먼저 와 계신 땅

하나님께서는 이미 내게 말씀하셨다. "네가 입을 열 때마다 돕는 손길을 예비해 두겠다." 그 말씀은 단순한 위로가 아니라 하나님의 확실한 약속이었다. 그리고 실제로 세무과 직원, 아프리카의 땅 주인, 그리고 교회 권사님까지 하나님께서는 기도할 때마다 필요한 사람들을 정확히 연결해 주셨다. 아프리카에서의 사역은 그렇게 하나님의 놀라운 섭리 가운데 시작되었고, 지금도 끊임없이 살아 움직이는 은혜의 흐름 속에서 활발하게 신행되고 있다.

세금 환급을 받은 그날, 나는 가장 먼저 그 돈의 기적 같은 출발점이 되었던 권사님을 찾아갔다. "권사님, 기도했더니 정말로 세금이 환급됐어요. 그 돈이 우리 교회 통장에 들어왔습니다." 그 말씀을 듣고 권사님의 눈이 커다랗게 동그래지셨다. 그리고 곧 감사와 기쁨의 미소가 얼굴 가득 번지셨다. 하나님께서 행하신 일을 눈으로 보고 귀로 듣는 순간이었다.

"선교사님, 학교를 지을 땅을 구하려면 얼마쯤 필요할까요?"

"한 만 평 정도가 필요한데, 6천만 원 정도면 살 수 있습니다." 그 말에 나는 심장이 뛰기 시작했다. 마침 그런 땅이 있다는 소식까지 들려오니, 설 명절을 앞둔 분주한 일정에도 불구하고 '지금이 하나님의 타이밍이다'라는 확신이 들었다. 곧바로 사역자들에게 연락을 돌렸다. "비행기 표를 빨리 예약해 주세요. 이번 기회는 놓칠 수 없습니다."

나는 인천공항으로 향하였다. 공항에 도착하여 여권을 내밀며 마음속으로는 '이제 모든 준비가 끝났구나' 하고 안도했다. 그런데 직원이 티켓을 건네주지 않았다. "선생님, 티켓 발권이 안 됩니다." 순간 등골이 서늘해졌다. 이유를 묻자 내 이름이 '강신정'이 아니라 '정신강'으로 잘못 표기되어 있었다는 것이다. 급히 준비하는 과정에서 사역자 중 누군가가 이름을 잘못 적었던 것이다. 순간 멍해졌다. 이렇게 중요한 사역 앞에서 이럴 수가….

속이 타들어 가는 느낌이었다. 하지만 사역자들이 설 명절을 앞두고 얼마나 바빴는지를 생각하니 문득 웃음이 났다. 하지만 마음 한편에 거듭 묵직한 생각이 들었다. '혹시 하나님께서 지금 가지 말라고 하시는 건 아닐까?'

'하나님, 이 길을 막으시는 겁니까?' 그렇게 혼잣말처럼 속삭이며 티켓 발권이 막혔던 그날 밤, '하나님, 만약 이 길이 주님의 뜻이라면 다시 길을 열어 주실 줄 믿습니다'라고 고백했다. 다음 날, 새 표를 구해 다시 공항으로 향했다. 이번에는 별다른 문제가 없었다. 모든 출국심사를 무사히 통과하고 드디어 비행기에 몸을 실을 수 있었다.

아프리카로 떠나기 전, 나는 선교사님께 조심스럽게 부탁드렸다. "6천만 원이면 된다지만, 그중 500만 원만 깎아 달라고 해주세요. 그래야 등기하고 준비하는 데 조금 여유가 생깁니다." 그리고 출국 전, 나는 권사님을 다시 찾아뵈었다. "권사님, 환급받은 2,100만 원은 아프리카 땅을 사는 데 쓰려고 합니다. 하지만 여전히 부족합니다. 땅값이 6천만 원이나 하네요."

권사님은 오히려 따뜻한 미소로 고개를 끄덕이며 말씀하셨다. "그럼 제가 나머지를 헌금하겠습니다." 그 한마디로 거의 4천만 원 가까운 헌금을 약속해 주셨다. 그 순간, 나는 가슴이 뭉클해졌다. 하나님께서 사람을 통해 일하신다는 것을 또 한 번 확신하게 되었다.

아프리카에 도착한 뒤, 선교사님과 함께 부동산 중개인을 통해 땅 주인을 만나기로 약속을 잡았다. 하지만 그는 끝내 나타나지 않았다. 약속 장소에서 한참을 기다리던 선교사님이 조심스럽게 입을 열었다. "아마도 500만 원만 깎아 달라는 요청이 걸림돌이 된 것 같습니다. 그분에게는 꽤 큰돈이니까요."

순간, 마음이 복잡해졌다. 낙심이 밀려올 법도 했지만 나는 믿음을 놓지 않았다. "하나님께서 다른 계획이 있으신 걸지도 모릅니다." 나는 그렇게 고백하며, 중개인에게 다른 땅이 있는지 알아봐 달라고 부탁했다.

잠시 후, 그는 3만 평 땅을 보여주었다. 그 땅은 지금까지 보아온 어떤 땅보다도 넓고 탁 트이고 풍성했다. 그러나 문제는 가격이었다. 2억 원. 5,500만 원을 생각하며 왔던 마음으로는 감당할 수 없는 금액이었다. 하지만 '이건 단순한 땅이 아니라 하나님이 준비하신 더 큰 그림일지도 모른다'는 생각이 들었다. 그래서 나는 망설임 없이 말했다. "그 땅 주인과 약속을 잡아 주세요."

아프리카의 넓은 나무 그늘 아래에서 마침내 그 땅 주인을 처음 만났다. 그는 외모부터 단정했고 말투와 분위기에서 품격이 느껴졌다. 선교사님은 조용히 내게 속삭였다. "저분은 탄자니아 국세청장을 지내셨고, 영국에서 박사 학위를 받으신 분입니다."

나는 놀라움과 함께 마음을 다잡고 통역을 통해 인사를 나눈 후 그에게 조심스럽게 물었다. "혹시 예수님을 믿으십니까? 집사님이신가요?" 그는 잠시 멈칫하며 뜻밖이라는 듯 미소를 짓더니 조용히 고개를 끄덕이며 대답했다. "예, 저는 오순절 교단에 속한 집사입니다." 그 순간, 나는 가슴 깊이 전율을 느꼈다. 하나님께서 왜 이 사람과 나를 만나게 하셨는지, 그 뜻이 명확히 느껴졌다. 나는 그를 바라보며 조심스럽고도 진심 어린 마음으로 이야기를 꺼냈다.

"저는 빚을 갚는 심정으로 이곳에 왔습니다. 한국에서 이 먼 땅 아프리카까지 온 이유는 바로 이곳에 '학교'를 세우기 위함입니다. 100여 년 전, 한국에도 외국 선교사님들이 오셔서 학교를 세워 주시고, 복음을 전해 주셨습니다. 그분들의 헌신 덕분에 한국 교회가 세워졌고, 저희 교회도 미국 선교부의 지원으로 천막 교회에서 첫걸음을 뗄 수 있었습니다. 그분들이 우리에게 남긴 건 단순한 도움이나 자금이 아니라 '복음의 빛'이었습니다. 그 은혜를 우리가 받은 이상, 이제는 갚아야 할 때가 되었다고 생각합니다. 그래서 저는 이곳에 왔습니다. 복음을 전하고, 학교를 세우고, 하나님의 나라를 이 땅 위에 세우기 위해 말입니다."

내 말이 통역을 통해 전달되는 동안, 그 땅 주인은 한마디도 놓치지 않으려는 듯 진지한 표정으로 고개를 끄덕이며 들었다. 그의 눈빛 속에는 단순한 거래 이상의 무엇인가를 느끼는 감동과 존중이 담겨 있었다.

이야기를 전하는 동안, 하나님께서 마음 깊숙한 곳에 강한 감동을 부어 주셨다. 그분의 눈빛, 말투, 그리고 태도를 보며 분명히 느낄 수 있었다. '이 사람은 하나님께서 준비하신 사람이구나.' 그 순간, 하나님은 내게 영적인 확신 하나를 주셨다. '이 집사님은 1억 원을 헌금할 마음을 가진 사람이다.' 그 영감은 단지 내 생각이 아니었다. 기도 속에서 솟구쳐 오르던 성령의 도전이자 감동이었다.

나는 옆에 있던 선교사님에게 조용히 말했다. "선교사님, 지금 하나님께서 제게 감동을 주셨습니다. 제가 무슨 말을 하더라도 그대로 통역해 주세요." 그리고 나는 담대히 입을 열었다.

“하나님께서 이 땅에 유치원부터 시작해서 초등학교, 중고등학교, 대학교와 병원까지 세우기를 원하십니다. 지금 땅값이 2억입니다. 저희가 1억을 헌금하겠습니다. 그러니 집사님께서도 1억을 헌금해 주십시오. 함께 이 사역을 이뤄 나갑시다.”

잠시 조용히 있던 그는 입을 열어 담담히 말했다. “저는 지금까지 부모님으로부터 신앙을 물려받을 때 영적인 일과 육적인 일이 충돌할 때면 늘 영적인 길을 택해 왔습니다.”

그의 고백은 단순한 신앙 고백이 아니라 결단의 역사를 담은 증언처럼 들렸다. 그리고 그는 말했다. “하지만…잠시만 기도할 시간을 주십시오.” 나는 바로 대답했다. “시간이 없습니다. 저는 오늘 계약을 마쳐야 하고, 내일 아침이면 한국으로 돌아갑니다. 비행기표도 이미 예약해 두었어요.”

그는 잠시 침묵하더니 다시 부드럽게, 그러나 단호하게 말했다. “하룻밤만 시간을 주십시오. 내일 아침, 좋은 소식을 가지고 돌아오겠습니다.”

그날 밤, 나는 그 어느 밤보다 긴장된 마음으로 하나님 앞에 무릎을 꿇었다. '하나님, 이 결정이 사람의 마음에서 나오는 것이 아니라 주님의 뜻에서 나오게 해주옵소서.' 나는 밤새 기도했다. 그의 결정을 기다리며, 하나님의 뜻이 이루어지기를 간절히 소망했다.

다음 날 아침, 약속된 장소에 그가 모습을 드러냈다. 그가 조심스레 내민 것은 도면 한 장이었다. 도면을 펼치며 그는 조용히 말했다. "이 도면은 수십 년 전 제가 국세청장으로 일할 때 직접 계획했던 것입니다. 이 땅을 교육과 의료 시설 용도로 개발할 수 있도록 정부 개발계획에 포함시켜 두었고, 학교와 병원을 위한 기반 인프라가 이미 구상 속에 갖춰져 있지요."

나는 순간 할 말을 잃고 도면을 바라보았다. 20년 전, 하나님은 이미 이 땅을 통해 이루실 일을 조용히 준비해 오셨던 것이다. 지금 내 앞에 있는 이 종이 한 장이 하나님의 시간표를 증명하고 있었다. 하나님은 나보다 먼저 이곳에 와 계셨고, 내가 기도하기 전부터 이 길을 준비하고 계셨던 것이다.

그리고 그분은 도면 위에 손을 얹고 미소 지으며 말했다. "목사님, 제가 이 땅을 위해 1억 원을 헌금하겠습니다." 그 말에 나는 가슴이 뜨겁게 벅차올랐다. 아프리카에서, 현지인이 1억 원을 헌금한다는 것은 한국의 기준으로 보면 10억 원 이상의 헌금을 한다는 의미이다. 단지 금액이 아니라 믿음과 결단의 크기가 그 숫자 속에 담겨 있었다.

그렇게 우리는 절반의 비용으로 3만 평의 땅을 구입하게 되었고, 그 위에 교육법인을 설립할 수 있는 길이 열렸다. 한국으로 돌아온 나는 가장 먼저 이 모든 과정을 권사님께 전해 드렸다. "권사님, 아프리카에서 하나님께서 놀라운 일을 행하셨습니다. 원래는 6천만 원 정도로 생각했는데, 현지에서 상황이 바뀌면서 1억이라는 더 큰 금액이 필요하게 되었습니다."

내 말이 끝나기도 전에 권사님의 눈가에 이미 깊은 감동이 어렸다. 그분은 아무 말 없이 고개를 끄덕이셨다. 그리고 따뜻한 미소와 함께 말씀하셨다. "목사님, 하나님께서 일하시는 자리라면 저도 기꺼이 순종하겠습니다." 그렇게 권사님은 남은 금액 전액을 헌금해 주셨고, 우리는 마침내 그 3만 평의 땅을 온전히 하나님의 사역지로 삼을 수 있게 되었다.

그 땅은 이제 단순한 부동산이 아니었다. 기도로 열렸고, 감동으로 연결되었으며, 믿음으로 헌신된 하나님의 땅이었다. 그 위에서 세워질 학교, 자라날 아이들, 그리고 복음을 품은 선교적 공동체를 떠올리며 나는 하나님께 감사의 기도를 올렸다.

'하나님, 우리가 심은 건 씨앗 하나지만, 자라게 하시는 이는 오직 주님이십니다.'

벽돌 너머 자라는 나무

요즘 한국 교회는 앞다투어 '다음 세대'를 외치고 있다. 세미나다, 프로그램이다 하며 여러 활동이 벌어지지만 정작 마음 깊은 곳에서 체감되는 변화는 드물다. 이유는 간명하다. 진심 어린 투자가 없기 때문이다. 말은 앞서는데 행동이 따라오지 않는다. 그러니 변화라는 열매는 맺히지 않고, 그 자리에 안타까움만이 남는다.

이 아쉬움과 현실 사이에서 나는 기도하며 고민했다. 그러던 중 1년 뒤 다시 아프리카로 향할 계획을 세우게 되었다. 하지만 이번 여정은 단순히 교회 건물 하나 지어 주는 데서 멈추지 않으려 한다. 나는 그곳에서도 다음 세대를 세우는 사역을 펼치고 싶었다. 벽돌과 시멘트가 아닌, 말씀과 비전으로 세우는 새로운 세대 말이다.

내 마음을 사로잡은 이 비전은 단지 내 열정에서 비롯된 것이 아니었다. 하나님께서 한국 교회에 주신 사명, 곧 다음 세대를 세우라는 부르심, 그리고 그것을 아프리카 땅에서도 실현하라는 분명한 인도하심이었다. 그 부르심이 내 발걸음을 다시 일으켰다.

우리 교회 몇몇 사역자들과 교사들이 타 교회의 다음 세대 세미나에 참여하고 돌아온 일이 있었다. 그들의 말이 아직도 귀에 맴돈다. "목사님, 우리가 교만해서 드리는 말씀이 아닙니다. 하지만 솔직히 그곳에서 하는 내용은 우리가 이미 실천하고 있는 일들입니다. 단지, 그들은 그것을 더 체계화하고 문서화해서 운영하고 있더군요. 그런 차이입니다."

그 이야기를 들으며 마음 한편이 뿌듯했다. 우리 교회가 이미 다음 세대를 위한 프로그램을 실천하고 있다는 사실이 감사했다. 말로만이 아니라 실제로 살아 움직이는 사역이 있다는 사실에 기도가 절로 나왔다.

하지만 동시에 걱정이 피어올랐다. 한국의 몇몇 대형 교회들은 자원이 풍부해서 모든 것을 책으로 만들고, 매뉴얼로 정리하며, 인력을 동원할 수 있다. 그러나 대다수 교회는 그렇지 못하다. 비전은 있지만 형편이 받쳐주지 않아 체계화하지 못하고, 그로 인해 기회를 잃어버리기도 한다.

그러나 분명한 사실 하나는 마음속에 꿰뚫리듯 박혔다. 바로 다음 세대를 위한 프로그램을 체계적으로 정리하고 아프리카의 현실에 맞게 적용할 수 있다면, 그 작은 변화가 결국은 큰 물결로 번져나갈 수 있다는 것이다. 하나님께서도 바로 이 일을 위해 나를 부르신 것임을 나는 확신했다. 단순히 벽돌로 교회 건물만 올리는 것이 아니라, 그 벽 안에서 하나님의 말씀이 자라나고, 아이들이 그 말씀을 기반으로 살아갈 수 있는 터전을 세우라는 부르심이었다.

나는 믿는다. 한국 교회의 미래와 아프리카의 미래는 깊은 줄기로 연결되어 있다는 사실을. 이 사역을 통해 한국과 아프리카가 하나님의 나라 안에서 다음 세대를 세워가는 동역자가 될 수 있기를 진심으로 바란다. 내가 시작한 움직임은 어쩌면 아주 작고 미약해 보일지도 모른다. 하지만 이 변화는 언젠가 두 나라를 넘어, 하나님께서 예비하신 더 크고 놀라운 사역으로 확장될 것이라고 믿는다.

내년에 나는 다시 아프리카로 향할 것이다. 그리고 이번에는 더 많은 사역자들과 함께 새로운 프로그램들을 시작할 것이다. 그들에게 단지 교육이라는 형식만 제공하는 것이 아니라 주님의 사랑과 소망을 담아 전하고 싶다. 그 사랑 속에서 아이들이 하나님 나라의 귀한 일꾼으로 자라나기를 소망한다. 그것이야말로 하나님께서 나를 논산 땅에서 아프리카 땅으로 이끄신 이유이고, 내 모든 사역의 가장 깊은 목적이었다.

그렇게 한 걸음씩 내딛다 보니 놀랍게도 많은 사람이 함께 걷고 있었다. 아프리카 선교를 한다니까, 다음 세대를 세운다니까 주저 없이 마음을 보태고 손을 내밀어 주었다. 주님의 이름 앞에 사람들은 묵묵히 응답했고, 믿음의 동행자들이 생겨났다. 올해만 해도 다음 세대를 위해 헌금을 약속한 성도들이 마흔 명은 족히 되었다. 각자 100만 원씩, 그렇게 모인 4천만 원. 단순한 숫자가 아니었다. 그것은 하나님의 꿈에 대한 응답이자, 작은 교회가 세상 속으로 뻗어가는 믿음의 발걸음이었다.

'한빛랜드', 아이들이 웃는 땅에 복음이 피었다

앞서 말했듯, '한빛랜드'라는 이름 아래 펼쳐진 이 사역은 아프리카 선교지에서 아내가 불쑥 던진 한마디 말에서 비롯되었다. 짧은 한마디였지만 마치 하나님께서 내 가슴속에 씨앗을 심으시는 듯한 말이었다.

아프리카에서 돌아온 뒤, 나는 교회 성도들과 함께 이 사명을 두고 기도하기 시작했다. 기도의 자리에서 아프리카에서 경험했던 전도의 기쁨과 감동이 다시금 가슴 깊은 곳에서 살아나고 있었다. 그 감정은 나를 가만두지 않았다. 그리고 나는 알았다. 하나님께서 이번엔 논산 땅에서 아이들을 위한 새로운 사역을 시작하라고 이끄신다는 것을. 그것이 바로 '한빛랜드'였다.

'한빛랜드'는 단순한 축제가 아니다. 아이들이 그저 놀고 먹고 즐기다 돌아가는 자리가 아니다. 이 땅의 아이들에게 복음을 전하고, 그들의 마음 깊은 곳에 예수님의 사랑을 심는 자리였다. 그 사랑은 언젠가 삶의 고비마다 아이들을 일으켜 세울 희망의 뿌리가 될 것이며, 그 뿌리는 다시 꽃이 되어 열매 맺을 것이다.

그 비전에 성도들은 기꺼이 동참했다. 누가 먼저랄 것도 없이 봉사자로 손을 들었고, 교회의 많은 이들이 함께 머리를 맞대었다. 놀이기구를 어디에 설치할지, 어떤 부스를 어떤 순서로 준비할지, 어떻게 해야 아이들에게 가장 자연스럽고 따뜻하게 예수님의 이야기를 전할 수 있을지에 대해 밤늦도록 이야기가 이어졌다.

그 모든 과정이 순탄했던 것은 아니다. 마음을 모았지만 때때로 아이디어가 엇갈려 서로의 생각이 부딪치기도 했고, 준비물은 늘 부족했고, 손을 보탤 인력은 아쉬웠다. 현장의 돌부리에 걸려 넘어질 듯 주저앉을 뻔한 날도 많았다. 그러나 그때마다 하나님은 어김없이 길을 열어 주셨다.

성도들과 함께 무릎을 꿇고 기도할 때마다 꽉 막힌 길이 한 줄기 빛처럼 열렸다. 부족하며 아쉬웠던 것들이 어느새 채워지고, 손길이 부족했던 곳마다 누군가가 다가왔다. 우리는 그때마다 하나님의 손길을 느꼈고, 마음 깊은 곳에서 다시 일어섰다.

우리는 '한빛랜드'를 단지 즐거움만 남기는 놀이동산으로 만들고 싶지 않았다. 겉모습은 에버랜드처럼, 아이들이 꿈꾸던 그 세상처럼 꾸미되, 그 속에는 반드시 예수님의 사랑이 흐르기를 바랐다. 웃음 속에 복음이 녹아들고, 놀이 속에 말씀이 스며드는 그런 공간을 꿈꿨다. '한빛랜드'는 복음의 옷을 입은 놀이터였다.

놀이기구를 설치하고 부스를 마련하며 하나씩 준비해 나가는 동안, 마치 아이들의 꿈을 현실로 옮겨 심는 느낌이 들었다. 손으로 만들고는 있었지만 마음 깊은 곳에서는 알았다. 이것은 내 손으로 만드는 것이 아니라 하나님께서 친히 하나하나 짓고 계신다는 사실을. 준비하는 내내 하나님의 손이 이끄시는 대로 움직이고 있음을 느낄 수 있었다.

'한빛랜드'가 시작될 그날을 기다리며, 나는 가슴속 깊은 설렘으로 하루하루를 채워갔다. 이 작은 도시, 이 작은 교회 안에서 하나님께서 어떤 기적을 펼치실지, 그 기적이 아이들의 웃음 속에, 말씀 속에, 찬양 속에 피어날 것이라는 믿음 하나로 나는 기도하며 기다렸다.

축제 날이 다가올수록 교회는 그야말로 숨가쁘게 움직였다. 매일이 분주했다. 준비는 절정을 향해 치닫고 있었고, '한빛랜드'는 날이 갈수록 더 다채롭고 생동감 있게 변해갔다. 꿈이 형태를 갖추기 시작한 것이다.

그리고 마침내 첫 번째 '한빛랜드'의 막이 올랐다. 여전히 코로나의 그림자가 완전히 걷히지 않았던 시기였지만 놀랍게도 1,342명의 아이들이 그날 논산 한복판에 모였다. 논산시 전체가 들썩였고, 아이들의 웃음소리와 찬양 소리는 축제장을 감싸며 하늘 높이 퍼져나갔다.

입구에 들어서면 가장 먼저 눈에 띄는 것이 '복음 부스'였다. 이 축제의 심장과도 같은 공간. 복음을 전하고, 교회와 선교지의 이야기를 들려주며, 교회 홈페이지를 안내하는 부스도 함께 자리하고 있었다. 성도들은 아이들의 눈높이에 맞춰 복음을 풀어 설명하며, 작은 영혼들이 예수님의 사랑을 이해하고 받아들이도록 애썼다. 아이들은 말없이 고개를 끄덕이거나 호기심 어린 눈망울로 이야기를 들었다. 그 눈빛 속에는 설명보다 더 많은 이해가 깃들어 있었다.

복음 부스를 지나면 아이들의 함성과 웃음이 터지는 게임 부스가 이어졌다. 풍선 터뜨리기, 두더지 잡기 같은 단순한 놀이들이었지만 그 안에서 터지는 아이들의 웃음은 세상의 어떤 축제보다 값진 것이었다. 아이들이 웃으며 달리는 그 짧은 순간에, 하나님의 기쁨이 담겨 있는 듯했다.

놀이 부스의 끝자락에 다다르면 아이들이 손꼽아 기다리던 대형 놀이터가 나타났다. 거대한 에어바운스, 바이킹 놀이기구, 점프 슬라이드가 아이들의 탄성을 이끌었다. 바이킹이 하늘로 치솟을 때마다 아이들은 친구들과 함께 소리를 지르며 그 짜릿한 순간을 온몸으로 만끽했다. 논산 하늘 아래 그날만큼 아이들이 이렇게 맘껏 소리치며 뛰놀 수 있었던 날이 또 있었을까 싶었다.

그리고 그 기쁨의 옆자리에 따스한 정이 묻어나는 먹거리 부스도 함께 자리했다. 따끈한 밥부터 아이들이 좋아하는 김밥, 닭꼬치, 떡볶이, 어묵, 소떡소떡, 핫도그, 아이스크림, 슬러시, 바삭한 통닭까지 성도들의 정성이 가득 담긴 음식들이 아이들의 배와 마음을 함께 채워 주었다. 아이들은 음식을 먹으며 다시 웃고, 친구와 장난을 치며 또 다른 부스를 향해 발걸음을 옮겼다. 모두 합해 무려 서른 개의 부스가 '한빛랜드'에 들어섰다.

이 축제가 품고 있는 궁극적인 목적은 분명했다. "논산을 어린이 성지로 만들자." 이 한 문장 속에 우리가 품은 기도와 소망, 그리고 사명이 모두 담겨 있었다. 복음이 점점 희미해져 가는 시대 속에서, 다음 세대에게 하나님의 말씀을 전하겠다는 결심 하나로 시작된 일이었다.

아이들에게 복음을 들려주자. 단 한 번이라도, 단 한 마디라도 예수님의 이름이 그들의 마음에 심긴다면, 그 씨앗은 언젠가 반드시 열매 맺을 것이라는 믿음이 우리 안에 있었다.

2023년, 그 믿음은 현장에서 확인되었다. 무려 1,673명의 아이들이 '한빛랜드'를 찾았다. 단순한 숫자가 아니었다. 1,673개의 심장, 1,673개의 웃음, 그리고 1,673개의 영혼이었다. 하나님이 논산 땅을 주목하고 계신다는 것을 그날 우리는 모두 느낄 수 있었다. 2024년에는 1,322명의 아이들이 모여, 920명이 복음을 듣고 예수님을 구주로 고백했다. 그리고 다가오는 2025년, 우리는 더 많은 아이들이 이 땅을 밟고 가리라는 예감을 가지고 있다.

이 위대한 일을 위해 교회 안에서 조용한 기적이 일어났다. 성도들이 손을 들고 말했다. "저도 100만 원을 헌금하겠습니다." 그렇게 하나, 둘…40명이 헌신했다. 총 4천만 원. 돈의 액수를 떠나, 그 안에는 한 사람 한 사람의 기도와 눈물과 사랑이 고스란히 담겨 있었다.

그들의 열정과 헌신은 축제의 현장을 빛으로 물들였다. 누군가는 전기를 담당했고, 누군가는 놀이기구를 세웠고, 누군가는 하루 종일 음식을 나르며 아이들을 웃게 했다. 그러는 사이 논산은 점점 '어린이 성지'로 변해가고 있었다.

축제가 끝난 뒤에도 여운은 쉽사리 가시지 않았다. 논산에서의 그날은 단지 이틀짜리 이벤트가 아니었다. 마치 잔잔한 물결이 먼 바다까지 퍼져나가듯, 하나님께서 일으키신 감동은 생각보다 훨씬 멀리, 깊이 스며들고 있었다.

그러던 어느 날, 전화 한 통이 걸려왔다. 발신지는 경남 통영. 수화기 너머에서 한 목사님의 목소리가 들려왔다. "목사님, 논산에서 열린 '한빛랜드' 이야기를 들었습니다. 아이들이 복음을 듣고, 웃고, 변화되었다는 그 이야기에 마음이 뜨거워졌습니다. 우리 통영에서도 그런 축제를 열어보려고 합니다."

순간, 말문이 막혔다. 하나님께서 논산에서 시작하신 일이 이제는 다른 도시에서 또 다른 이름으로, 또 다른 얼굴로 열매 맺으려 하고 있었다.

몇 달이 흐른 뒤, 통영에서 열린 축제 소식이 다시 내게 전해졌다. 처음엔 300명의 아이들이 올 거라 예상했다고 한다. 그러나 실제로는 1,000명의 아이들이 몰려들었다는 것이다. 그중 약 600명의 아이들이 복음을 듣고 예수님을 마음에 모셨다고 했다. 그 소식을 듣는 순간 말로 표현할 수 없는 벅찬 감동이 가슴을 채웠다. '하나님, 어떻게 이렇게 놀라운 일을 이루실 수 있습니까…우리가 한 일은 작고 보잘것없었는데, 그 작은 씨앗에서 이렇게 큰 나무가 자라나고 있다니요….'

그 감동적인 순간을 함께한 건 아이들만이 아니었다. 그 자리에 있던 부모들 역시 복음 앞에서 마음을 열기 시작했다. 약 200-300명의 어른들이 복음의 메시지를 듣고 눈시울을 붉혔다. 자녀의 입술을 통해 듣는 '예수님'이라는 이름은 그 어떤 설교보다 강력한 메시지였다.

아프리카에서 처음 느꼈던 전도의 감동은 내 안에서 한 줄기 불처럼 타올랐다. 그리고 그 불꽃은 논산에서 전국으로 불씨가 되어 번져갈 것이다. 그 감동을 믿고 삶으로 실천한 이들은 다름 아닌 우리 교회 성도들이었다. 그들은 망설임 없이 헌신했고, 기도했고, 땀을 흘렸다.

'한빛랜드'를 앞두고 전 교인이 40일 작정 기도에 들어갔다. 매일 새벽, 저녁, 삶의 자투리 시간마다 기도가 이어졌다. 한 손에는 전단지를, 다른 손에는 기도 제목을 쥔 채로, 우리는 논산 시내 곳곳에 무려 2만 장의 전단지를 나눴다. 거리의 상점, 아파트 단지, 학교 주변 골목까지 복음의 초대장이 뿌려졌다.

QR코드를 통해 아이들과 부모들이 등록하기 시작했다. 이름도, 얼굴도 모르는 수많은 가정이 '예수님의 초대'를 받은 것이다. 그렇게 준비된 '한빛랜드'는 단순한 지역 행사나 일회성 축제를 넘어, 아이들의 마음에 깊이 각인된 '사랑과 믿음의 잔치'가 되었다. 나는 축제를 마친 그날 밤, 조용히 눈을 감고 하나님께서 보여주신 은혜를 떠올렸다.

'하나님, 이 일 가운데 저희를 사용해 주셔서 감사합니다. 앞으로도 우리 교회를 통해 더 많은 사람이 예수님을 만나게 해주옵소서.' 기도가 마음 깊은 곳에서 흘러나왔다.

놀라운 일은 이 감동이 교회 안에만 머무르지 않았다는 점이다. 논산시 교육청 관계자들도 현장을 둘러보고 입을 다물지 못했다. "우리가 학교에서 이렇게 하려 해도 쉽지 않습니다. 시 차원에서도 이런 규모의 행사를 기획하기 어렵습니다. 그런데 교회가 해냈군요. 대단합니다."

그들의 말에서 단순한 칭찬을 넘어 놀라움이 느껴졌다. 교육과 돌봄의 최전선에 있는 이들이 교회의 역할과 역량을 다시 보게 된 순간이었다. 하지만 나는 알았다. 이 일이 가능했던 것은 단지 몇몇의 열정 때문이 아니었다. 매년 200명이 넘는 논산한빛교회 성도들과 헌신자들이 이 축제를 위해 자신의 시간과 몸을 기꺼이 내어놓았기 때문이다.

우리 교회의 3분의 2에 해당하는 성도들이 자발적으로 이 사역에 참여하고 있었다. 누구는 전기 배선을 돌보고, 누구는 주방에서 손을 놀리고, 누구는 아이들 손을 잡아 인도했다. 그렇게 한 사람 한 사람이 모여 마침내 '한빛랜드'라는 이름 아래 하나님의 나라가 눈앞에 펼쳐졌다.

'한빛랜드'는 단순한 사역이 아니다. 이것은 우리가 믿는 복음이 '살아서 움직이는 현장'이다. 그리고 나는 믿는다. 이 작은 도시에서 시작된 기적은 앞으로 더 많은 곳으로 흘러갈 것이라는 것을! 논산에서, 통영에서, 그리고 다음 세대의 마음속에서 계속 번져나가리라는 것을!

한빛랜드

쉬/어/가/기

얼마 전, 교회 문이 천천히 열렸다. 조심스러운 걸음으로 어느 할머니가 들어오셨다. 권사님이라고 자신을 소개하셨고, 우리는 따뜻한 인사를 나눈 뒤 자연스레 자리에 앉아 이야기를 나누게 되었다. 차 한 잔 사이로 흘러나온 말들 속에서, 나는 하나님의 숨결을 느낄 수 있었다.

“우리 손자 둘이요, 자꾸 논산한빛교회에 가고 싶다고 하더라고요.” 그 말씀에 내 마음에 사르르 웃음이 지어졌다. ‘어쩌다 그런 마음이 생겼을까?’ 궁금해져 조심스레 이유를 여쭸다.

할머니는 지난 전도 때 학교 앞에서 복음을 들었던 손자들이 집에 돌아와서부터 교회 이야기를 입에 달고 살았다고 하셨다. “할머니, 거기 꼭 가보자!” 두 아이가 진지하게 눈을 반짝이며 졸랐다고 했다.

그 모습을 떠올리자 저절로 미소가 피어났다. 할머니 앞에서 그 작은 영혼들이 얼마나 열심히 설득했을까. 그 순수한 열망은 말보다 더 큰 전도가 되었던 것이다.

할머니는 또 이런 이야기를 들려주셨다. 손자들이 '한빛랜드'에서 받은 영상을 가족들과 함께 집에서 돌려보았단다. 화면 속 아이들이 복음을 접하며 뛰놀고 웃는 모습이 어찌나 신나 보였던지, 두 손자는 한목소리로 외쳤다.

"할머니, 우리 꼭 저 교회 가보자. 이런 교회라면 가보고 싶어!" 결국 손자들의 간절함에 마음이 움직인 할머니는 그들의 요청을 거절하지 못했다.

그렇게 조심스럽게 교회 문을 열고 들어오셨던 할머니는 그날 예배를 함께 드리셨다. 예배를 마친 뒤에 성도들과 차를 한 잔 나누며 담소를 이어갔다. 말씀 속에서, 찬양 속에서, 사람들 속에서 할머니는 교회의 온기를 온몸으로 느끼셨다고 했다.

"따뜻하더라고요. 성도들도 진심으로 대해 주시고요. 그래서 이번 주엔 손자들을 데리고 다시 왔어요." 그 말씀에 나는 말없이 고개를 끄덕였다. 그날 예배당 한편, 할머니와 두 손자가 나란히 앉아 찬송을 부르고 있는 모습을 바라보는 순간, 설명할 수 없는 감동이 가슴 가득 밀려왔다. 마치 하나님께서 '잘하고 있다'고, '내가 함께하고 있다'고, 조용히 다정하게 말씀해 주시는 듯했다.

아이들을 위해 시작했던 '한빛랜드'. 그 축제가 지금은 어른들의 마음에도 복음을 전하는 다리가 되고 있었다. 내가 계획하고 상상했던 것보다 훨씬 더 크고 깊은 방식으로, 하나님은 그 일을 이루고 계셨다. 나는 그날 다시금 깨달았다. 하나님의 계획은 언제나 우리의 생각보다 더 크고 놀랍다는 것을.

우리가 한 일은 그저 작은 씨앗 하나를 땅에 심는 일이었다. 그 씨앗이 어떻게 자라고 어디까지 뻗어 나갈지에 대한 결정은 전적으로 하나님의 손에 있었고, 그분은 그 일을 완벽하게 해내고 계셨다.

아이들의 마음속에 복음을 심고, 그 아이들의 입술을 통해 어른들의 마음을 움직이게 하신 하나님. 그분은 지금도 한 사람, 한 가정, 한 세대를 향해 사랑을 흘려보내고 계신다.

첫 번째 '한빛랜드'가 열리던 날이 지금도 눈에 선하다. 논산의 맑은 하늘 아래 수많은 아이들의 웃음소리가 퍼져나갔다. 바람도 그 웃음에 맞춰 춤추는 듯했고, 예배당 앞마당은 복음의 기쁨으로 가득했다. 캠프파이어 대신 환한 무대 조명이 아이들을 비췄고, 그 빛 아래에서 아이들은 자유로웠다. 뛰고, 웃고, 손을 들고 찬양하고. 그 모습 하나하나가 하나님께서 하시는 일의 현장이었다.

나는 그 빛 속에서 분명히 하나님을 보았다. 탄자니아 들판에서 처음 꿈꾸었던 그 조용한 비전이 논산이라는 낯익은 땅 위에서 생생한 현실로 피어나고 있었던 것이다. 그날 느꼈던 벅찬 감동은 시간 속에서도 지워지지 않았다. 한 사람의 순종, 한 교회의 헌신, 그리고 하나님의 손길이 만나 놀라운 축제가 되어버린 '한빛랜드'.

이제 '한빛랜드'는 논산의 다음 세대를 상징하는 축제가 되었고, 복음을 처음 듣는 아이들, 아이들의 손을 잡고 따라온 부모들, 그리고 그들을 섬기는 수많은 논산한빛교회 성도들과 헌신자들이 해마다 다시 이 자리에 서고 있다.

나는 종종 6월의 탄자니아를 떠올린다. 붉은 흙길 위를 맨발로 달리던 아이들, 땀에 젖은 이마 위로 반짝이던 순수한 눈빛. 그 눈빛 속에서 나는 분명히 보았었다. '복음의 씨앗'이 자라고 있음을. 지금, 그 씨앗은 자라 논산의 아이들 마음에도 뿌리를 내리고 있다. 어쩌면 지금도 우리가 모르는 또 다른 땅에서도 그 씨앗은 자라고 있을지 모른다. 이 모든 일을 가능하게 하신 하나님은 처음부터 지금까지 늘 우리와 함께 계셨다. 나는 고개를 숙여 기도했다.

'하나님, 이 모든 것을 행하신 분은 오직 당신이십니다.'

한빛랜드

영성으로 자라나는 아이들

- 영성훈련 -

어느 날, 문득 그런 생각이 들었다. '내 아이들, 내가 직접 키워야 하지 않을까?' 그 단순한 물음이 가슴 깊은 곳에 불을 지폈다. 뜨거운 무언가가 피어오르기 시작했다. 맡기고, 위탁하고, 보내는 교육의 패턴이 익숙해졌던 내게 처음으로 생긴 변화였다. '아니다. 나의 아이들, 내가 가르치고 내가 돌봐야 한다.'

이 결심이 마음속에 자리 잡는 데는 오랜 시간이 걸리지 않았다. 내가 부족하다는 생각이 들었고, 세상의 프로그램들에 비하면 초라해 보이기도 했다. 그럼에도 불구하고 내가 직접 키우겠다는 마음이 그 모든 두려움보다 강했다. 어쩌면 용기였고, 어쩌면 무모함이었을지도 모른다. 그러나 분명한 건, 그 중심에 '내 아이들이니까'라는 사랑이 있었다는 것이다. 그래서 사역자들에게 말했다. "우리가 할 수 있다면, 한 해에 단 두 번만이라도 우리가 우리 아이들을 맡아 돌보자. 한 번은 외부에 보내더라도, 한 번은 반드시 우리가 품자." 그 말은 단순한 제안이 아니라 내 마음 깊은 곳에서 울리는 결심이었다. 그리고 그 결심은 '영성학교'라는 이름의 씨앗이 되었다.

처음 문을 열던 날은 지금도 선명하다. 눈앞에는 단 세 명의 아이들이 앉아 있었다. 숫자로 보자면 초라했지만 그 안에 담긴 가능성과 소망은 결코 작지 않았다. 모든 것이 낯설고 떨렸던 첫날, 아이들의 얼굴 하나하나를 바라보며 느꼈던 따뜻함이 있었다. 그 작은 시작이 오늘날 전도사로 자라난 그 아이들을 통해 확신으로 바뀌었다.

그들은 지금 각자의 자리에서 하나님의 일꾼으로 살아가고 있다. 이 모든 일은 처음 가졌던 그 한 가지 마음에서 비롯되었다. '내 아이들은 내가 키운다.' 세상에 기대지 않고 우리 교회가, 우리의 다음 세대를 직접 품어야 한다는 그 흔들리지 않는 믿음에서 비롯된 일이었다.

여름방학과 겨울방학이 되면 논산한빛교회는 다시 아이들의 웃음으로 가득 찬다. 50명, 많게는 100명에 이르는 아이들이 삼삼오오 모여든다. 작은 발걸음들이 하나둘 예배당으로 들어설 때, 교회는 다시 한 번 생명력으로 가득해진다.

오전 9시. 아이들의 찬양 소리가 하늘에라도 닿을 듯 울려 퍼진다. 그 소리는 마치 순결한 기도가 되어 공기를 타고 흐르고, 찬양을 부르는 아이들의 눈빛엔 하나님을 향한 설렘이 어린다. 아이들은 함께 예배를 드린다. 성경을 암송하고 통독하며 말씀을 하루의 중심에 놓는다. 작은 전도지를 손에 들고 거리로 나선다. 그 조그만 손이 전하는 전도지는 민들레 씨앗과도 같다. 무심히 날아가 흩어지지만 그중 몇몇은 반드시 누군가의 마음에 안착해 조용히 싹을 틔울 것이다. 그 누구도 알 수 없지만 하나님은 아신다. 그 씨앗이 어디서 어떻게 자랄지를.

다시 교회로 돌아온 아이들은 서로를 돕고, 함께 식사하고 설거지를 하며 하루를 마무리한다. 이 모든 훈련은 약 3주간, 매일 같이 이어진다. 아이들이 하는 일은 단순하다. 하지만 그 단순함 속에는 '하나님을 향한 삶'이 차곡차곡 쌓여 있다. 찬양으로 시작해 성경을 읽고, 외우고, 전하며, 밥을 짓고, 청소하고, 웃고….

그 하루하루가 하나님 앞에서 드려지는 제사와 같다. 아이들은 땀을 흘리며 서로를 돕는다. 때로는 장난도 치고, 때로는 눈을 감고 기도한다. 그 과정 속에서 아이들의 마음은 말씀으로 촉촉이 적셔지고, 하나님은 그들의 인생에 조용히 발자국을 남기신다. 나는 그런 아이들을 바라볼 때마다 가슴이 뭉클해진다. 지금은 작고 여린 아이들이지만 언젠가 하나님께서 이들을 통해 이 땅에 큰일을 이루시리라는 분명한 믿음이 마음 깊은 곳에서 피어난다.

- 학교 앞 전도 -

수업이 끝나는 종이 울리고 아이들이 하나둘씩 교문 밖으로 쏟아져 나온다. 작은 손엔 가방이 들려 있고, 얼굴에는 하루의 피곤함과 자유가 함께 묻어 있다. 나는 논산한빛교회 사역자들과 함께 그 모습을 기다리고 있었다. 오늘도 그 익숙한 장소에서 복음을 전할 준비는 이미 끝났다. 설레는 마음으로 아이들의 발걸음을 맞이하며, 오늘은 또 어떤 만남이 펼쳐질지 조용한 기대가 마음을 채웠다.

우리는 일찍이 깨달았다. 단지 간식만 건네주는 전도로는 부족하다는 것을. 그래서 아이들이 '받는 것'보다 '참여하는 것'에 기뻐하도록 전도의 방식을 바꾸기로 했다. 복음을 듣고 난 아이들은 간단한 게임에 참여할 수 있었고, 게임에서 이기면 포켓몬빵 같은 인기 간식을 받을 수 있었다.

사실 그 포켓몬빵 하나를 구하기 위해 우리가 얼마나 애썼는지 모른다. 사역자들이 일찍부터 줄을 서서 동네 편의점을 돌며 빵을 샀다. 어른들에게는 단순한 빵이지만 아이들에겐 그 빵 하나가 '기쁨의 보물'이자 '기다림의 이유'가 되는 걸 알기에 그 수고는 마땅한 일이었다. 교문 놀이터에는 간단한 보드게임이 마련되었다. 작은 공을 던져 점수 칸에 넣는 아주 단순한 게임. 하지만 아이들의 눈은 반짝였고, 웃음은 쉴 틈 없이 흘러나왔다. 마치 그 순간만큼은 세상에서 가장 신나는 축제가 그 좁은 길가에서 벌어지는 듯했다.

단 하나의 조건은 복음을 듣는 것이었다. 아이들은 20분, 30분씩 우리 곁에 머물며 예수님의 이야기를 듣고, 하나님 나라에 대해 들었다. 가끔은 친구 손을 끌고 다시 오기도 했고, 어떤 날은 같은 아이가 두 번 찾아와 또박또박 복음을 다시 들었다. 학원 버스가 도착하면 아이들은 아쉬운 얼굴로 뛰어갔고, 그 와중에도 "다음에 또 올게요!"라는 한마디를 잊지 않았다.

그렇게 매주 목요일과 금요일, 논산의 어느 초등학교 앞은 작지만 거룩한 축제의 장이 되었다. 많을 땐 백 명 가까운 아이들이 그 좁은 놀이터에 모여들었다. 작은 빵 하나에 웃음꽃이 피고,

복음의 씨앗이 마음에 심어지고 있었다.

물론 모든 일이 처음부터 순탄했던 것은 아니다. 복음을 전하는 길이 언제나 따뜻하고 환영받는 길만은 아니기에 우리는 종종 예상치 못한 벽과 마주해야 했다. 아이들이 몰려들고, 간식이 나눠지고, 복음이 전해지는 그 현장에 갑자기 경찰차가 멈춰 서기도 했다. 학교에선 교장 선생님에게 민원 접수가 되고, 학부모들은 학부모 맘카페에 불만의 글을 올렸다. 어떤 부모는 경찰서에 직접 신고하기도 했다.

아이들을 위한 일이었지만 어른들의 세상에서는 그렇게 곱지만은 않은 일이었다. 경찰이 현장에 도착할 때마다 나 역시 긴장되지 않을 수 없었다. 하지만 그 순간에도 내 마음만큼은 분명했다. 흔들리지 않는 확신 하나가 가슴속에서 타오르고 있었다.

그래서 사역자들에게 웃으며 말했다. "경찰이 한두 번 더 와야 진짜 부흥이 일어나는 거예요. 이건 우리가 끝까지 버텨야 할 일이에요." 그 말을 곱씹으며 우리는 결코 멈추지 않았다. 누군가의 시선이 두렵고, 누군가의 오해가 아프더라도 복음을 전하는 일이 멈춰져선 안 된다는 것을 우리 모두 알고 있었기 때문이다.

학교 앞 전도 사진

시간이 흘렀고, 지금은 상황이 완전히 달라졌다. 이제는 학부모들조차 말한다. "논산한빛교회에서 하는 거라면 믿고 보낼 수 있어요." 경찰이 혹시 오더라도 더 이상 제지할 수 없다. 우리가 불법을 저지르는 것도 아니고, 누구에게 해를 끼치는 일도 아니기 때문이다. 우리는 단지 아이들의 눈높이에서 복음을 전하려 했을 뿐이다. 그리고 그 순수한 시도가 시간과 진심을 통해 신뢰로 바뀌어갔다.

전도는 이제 단지 거리에서 전해지는 복음에 머물지 않는다. 그 은혜의 물결은 아이들 사이로 번졌고, 이제는 학교 안으로 조용히 스며들었다. 아이들이 점점 달라지고 있었다. 이제는 누군가가 등 떠밀지 않아도 자기 발로 복음의 자리를 찾아가기 시작했다.

초등학교, 중학교, 고등학교, 각 학교에서 아이들은 스스로 '스쿨처치'라 불리는 예배 모임을 만들었다. 점심시간이면 조용히 교실 한편에 모여 친구들과 찬양을 부르고, 말씀을 나누며 기도하는 아이들. 복음은 그렇게, 아주 자연스럽게 학교 안에 자리를 잡았다.

이제는 더 이상 교회 밖만을 바라보지 않아도 된다. 아이들의 마음 안에서 이미 예배가 시작되고 있었으니. 이 변화는 단순한 확장이 아닌 하나님의 전략이었다. 복음은 누군가의 손에서 다른 누군가의 마음으로 옮겨지며, 그 가운데 아이들은 스스로 주체가 되어가고 있었다.

우리가 품은 다음 세대 사역의 진짜 목표는 복음을 전하는 데서 그치지 않는다. 아이들을 복음의 통로, 신앙의 리더로 세워지고 있다. '한빛랜드'와 학교 앞 전도는 아이들이 복음을 처음 접하는 시작점이 되었다. 그러나 그 자리는 아이들 스스로 복음을 전하는 사람으로 세워지는 '성장의 마당'이기도 했다.

이제는 주일 저녁, 각 부서 예배마다 아이들이 찬양을 인도하고 말씀을 준비하며 예배의 중심에 선다. 초등학생부터 청년까지 돌아가며 마이크를 잡고, 기타를 메고, 예배의 흐름을 이끌어 간다. 서툴러도, 부족해도 괜찮다. 그들이 지금 복음의 주인으로 세워지고 있다는 사실이 중요하다.

영성훈련, 기도훈련은 이 아이들이 뿌리를 내리는 토양이 되었다. 말씀 앞에 무릎 꿇는 훈련, 복음을 붙잡고 전하는 훈련, 그 속에서 아이들은 단순한 참석자가 아닌, 다음 세대를 책임질 '영적 리더'로 성장하고 있다. 수요일과 금요일, 가족 단위로 찬양을 인도하는 자리에서도 중고등부 아이들과 청년들이 함께 예배를 이끈다.

섬김과 순종을 통해 리더로 세워지고 나아가 세상의 빛과 소금으로 자라나고 있다. 지금 이 아이들은 단지 교회의 '미래'가 아니라, 교회의 '현재'다. 우리는 지금 보고 있다. 하나님께서 세워가시는 이 놀라운 세대의 흐름을.

- 성경 카페 -

"논산시 모든 초·중·고 아이들이 매일 성경을 읽으며
영적 성장, 안식과 쉼을 갖는 쉼터입니다!
새롭게 뜨고 있는 논산의 핫플레이스로 초대합니다!"

성경 카페. 이름만 들어도 마음이 따뜻해지는 이 공간은 아이들에게 또 하나의 영적 놀이터다. 영성훈련이 몇 주의 프로그램으로 끝나지 않기를 우리는 늘 바랐다. 말씀과 기도가 아이들의 일상이 되도록, 하나님이 특별한 날에만 찾아오는 분이 아니라 언제나 곁에 계시는 분임을 아이들이 깨닫기를.

그래서 우리는 아이들의 삶 한가운데 말씀을 자연스럽게 들이기 위해 '성경 카페'를 열었다. 방과 후, 아이들이 교회로 모여든다. 성경 다섯 장에서 여덟 장까지를 또박또박 읽으면 그 뒤엔 아이들이 좋아하는 것들이 기다리고 있다. 과자, 음료수, 컵라면. 수요일이 되면 따뜻한 밥 한 끼도 준비된다. 몸이 채워지는 동시에 말씀으로 마음도 풍성해진다.

성경 카페는 단순히 먹고 마시는 공간이 아니라, 하나님의 사랑을 먹고 마시는 자리다. 그리고 매주 화요일 저녁, 풋살장이 아이들의 웃음소리로 가득 찬다. 공 하나에 모든 아이가 집중하고, 함께 달리고, 넘어지고, 다시 일어난다. 경기를 뛰며 아이들은 자연스럽게 협력과 배려를 배운다. 무심코 터지는 웃음 속에 하나님께서 주시는 기쁨이 피어난다.

또한 교회는 지역아동센터와 어린이집도 운영하고 있다. 아이들이 방과후에도 마음 편히 공부하고 쉴 수 있도록 손과 발을 내어준다. 이 모든 것은 단순한 프로그램이 아니라 하나님 안에서 자라나는 일상이며, 아이들이 '교회'라는 공간을 통해 사랑과 위로를 체험하는 삶의 자리인 것이다. 찬양하며 기뻐하는 모습, 서로를 도우며 설거지 하는 손, 풋살장에서 땀 흘리며 웃는 얼굴, 이 모든 것이 하나님의 손길 아래서 이루어지는 거룩한 일상이다. 아이들은 여기서 말씀을 배우고, 몸과 마음이 함께 자라며, 그 믿음이 다음 세대의 소망으로 이어진다. 그 모습을 지켜볼 때마다 이 모든 것은 하나님께서 하시는 일임을 확신한다.

교회는 단지 예배당이어서는 안 된다. 다음 세대를 품고 키워내는 믿음의 터전이어야 한다. 아이들이 하나님의 사랑 안에서 자라나고, 그 사랑으로 세상을 변화시킬 사람으로 준비되기를 바라며, 나는 오늘도 배우고 또 배운다. 그들의 찬양, 그들의 웃음, 그들의 작은 손이 하는 일 하나하나가 바로 하나님 나라의 꿈을 키워가는 씨앗이라는 것을.

쉬/어/가/기

어느 날이었다. 기도할 자리를 찾아 이 골목, 저 골목을 헤매다 몇몇 교회 앞에 멈춰 섰다. 하지만 모두 굳게 닫혀 있었다. 그 앞에 서서 나는 막막한 마음을 꾹 눌러야 했다. 무엇보다 슬펐던 건, 하나님을 만나고 싶었던 순간조차 문 앞에서 돌아서야 했다는 사실이었다. 그때, 나는 마음속으로 하나님께 조용히 다짐했다. '하나님, 제가 앞으로 목회를 하게 된다면, 절대 교회 문을 닫지 않겠습니다. 누구든지 기도하고 싶을 때, 언제든 들어와 울 수 있도록 문을 열어두겠습니다.'

그 결심은 내 인생의 전환점이 되었고, 그 약속은 지금까지 하나님의 은혜로 37년 동안 이어져 왔다. 우리 교회는 24시간 문이 열려 있다. 언제든지 누군가가 필요하면 쓰고 가도 괜찮다는 뜻이었다.

교회는 누군가의 쉼터가 되어야 하고, 회복의 자리가 되어야 한다고 나는 믿는다. 세상에 지치고 사람에게 상처받고 삶에 짓눌린 이들이 마음 둘 곳 없어 방황하다가 조용히 걸어 들어와 하나님 앞에서 눈물 한 줄기 흘릴 수 있다면, 그곳이 바로 교회다.

누군가는 남편과 다툰 후 집을 박차고 나와 갈 곳을 몰라 찾아오고, 누군가는 말로 다 하지 못한 마음을 조용히 울음으로 쏟아낸다. 그런 이들이 교회에 도착했을 때 문이 굳게 닫혀 있었다면 그 밤은 얼마나 더 외롭고 절망스러웠을까. 그러나 문이 열려 있는 교회를 만나, 그 안에서 마음껏 울고, 기도하고, 비록 문제가 모두 해결되지는 않더라도 하나님께서 그들의 마음을 쓰다듬어 주신다면 그것으로 충분하다. 교회는 깨진 사람들의 마음이 다시 이어지는 곳이어야 한다.

기도는 언제든 드릴 수 있어야 하고, 하나님의 품은 시간을 가리지 않아야 한다. 그래서 나는 교회 문을 닫지 않는다. 이곳은 나의 사명이자, 내 삶의 이유이기 때문이다. 교회의 문을 연다는 것은 단지 공간을 개방하는 일이 아니라 하나님의 품을 세상 앞에 내어주는 일이다. 그리고 나는 오늘도 믿음 안에서 그 문을 열어두고 사람들을 기다린다.

불붙은 무릎, 흐르는 눈물

- '1일 10시간 기도회' -

2013년 어느 날, 우리는 조용히 그러나 분명한 결단으로 한 여정을 시작했다. 이름하여 '1일 10시간 기도회'. 하루를 흘려보내는 시간이 아닌 온전히 하나님께 드려 보자는 열망에서 출발한 일이었다. 그 발상은 단순했지만 그때 시작한 기도회는 지금까지 이어지고 있으며, 그 불씨는 점점 더 뜨겁게 타오르고 있다.

처음에는 교회의 기도운동이었다. 그러나 그 기도의 불길은 예상치 못한 방향으로 퍼져나갔다. 제주도에서 서울까지, 동해에서 서해까지. 기도는 경계선이 없었고, 한 사람의 무릎에서 시작된 간절함은 한국 교회 전역에 뜨거운 부흥의 불꽃을 옮겨 붙였다.

기도회는 이름 그대로였다. 하루 10시간. 오전 8시 30분부터 저녁까지 끊임없는 찬양과 말씀, 그리고 기도가 이어졌다. 누구는 이 길이 무모하다고 했고, 어떤 이는 가능하겠느냐고 물었다.

그러나 우리가 체험한 것은, 기도는 시간이 아니라 갈망이라는 사실이었다. 기도가 시작되면 시간은 사라졌다. 누군가는 한 끼 식사를 거르며 눈물로 기도했고, 누군가는 무릎이 저리도록 엎드렸다. 성도들의 얼굴 위엔 성령의 숨결이 가득했다. 그 속에는 피로가 아닌 평안, 무게가 아닌 능력이 깃들어 있었다.

일터에서든 가정에서든 성도들은 시간에 맞춰 조용히 교회로 발걸음을 옮겼다. 직장인들은 출근 전 한 시간이면 충분하다며 새벽 어두움 속에 예배당 문을 열었고, 주부들은 하루 일과를 마친 뒤 살짝 숨을 고르듯 무릎을 꿇었다. 예배당 안은 소리 내지 않는 울음과도 같은 기도로 가득했다. 누구도 크게 외치지 않았지만 그 기도는 하나님께 닿았다. 가슴 깊은 곳에서 올라온 탄식과 고백, 그 작은 기도들이 하나로 모이자 마치 산을 움직이는 힘처럼 공기를 흔들었다.

시간이 흐르고, 예기치 못한 팬데믹이 세상을 멈춰 세웠다. '1일 10시간 기도회'도 10시간에서 7시간, 그리고 다시 5시간으로 줄어들었다. 하지만 기도는 멈추지 않았다. 불꽃은 줄어들지 않았고, 도리어 그 안에서 더 단단해졌다.

스승의 날이자 석가탄신일이던 그해 5월 15일, 우리는 그 시간조차 주님의 시간으로 드리고자 다음 세대를 위한 특별 기도회를 열었다. 새벽 5시 반, 아이들과 어른들이 한자리에 모였다. 어린 손과 어른 손이 나란히 모여 하나님 앞에 엎드린 그 장면은 지상에서 가장 순결한 예배였다.

기도가 끝나고, 한 아이가 할머니에게 말했다. “기도 시간이 너무 짧아요!” 기도의 본질을 어른보다 더 깊이 이해한 그 아이 앞에서 우리는 다시 기도의 첫 자리로 돌아가게 되었다.

이제 매년 1월 1일이 되면 온 교회가 하나 되어 한 해의 시작을 5시간 기도회로 연다. 찬양과 말씀, 그리고 멈추지 않는 기도가 예배당을 가득 채운다. 기도가 끝난 뒤 성도들의 얼굴엔 말로 다 할 수 없는 은혜의 빛이 남는다. 서로의 눈을 바라보며 말없이 나누는 미소 속에도 하나님의 임재가 머물고 있었다. 이렇게 우리 교회는 성령님의 놀라운 은혜로 살아 있다.

그 기도의 불길은 결국 한국 전역으로 번져갔다. 단지 한 교회의 열정에서 시작된 것이 아니었다. 그건 한국 교회 전체를 향한 하나님의 부르심이었고, 이 민족을 살리려는 하늘의 간절함이 한 사람의 무릎, 한 교회의 결단을 통해 타오르기 시작한 것이었다.

전국 17개 광역시와 도의 기독교연합회가 연합해 주최한 '1일 10시간 기도회'. 그 역사적인 자리가 마침내 논산한빛교회에서 열렸다. 서울, 인천, 김천, 상주, 대구…. 전국 각지에서 달려온 수많은 목회자와 성도들이 논산이라는 작은 도시에 모였다. 그날, 예배당은 사람으로 가득 찼고, 공기는 기도로 후끈 달아올랐다. 성도들의 목소리는 불길처럼 뜨거웠고, 폭우처럼 쏟아졌다. 누구는 두 손을 들고, 누구는 얼굴을 바닥에 묻은 채 조국을 위해, 교회를 위해, 그리고 고통받는 이 세상의 영혼들을 위해 간절히 부르짖었다.

기도는 더 이상 개인의 몫이 아니었다. 그건 민족 전체의 절규였고, 세상이 갈라지는 소리를 듣는 이들의 하늘을 향한 항의이자 소망이었다. 그날 논산의 하늘은 마치 초여름처럼 푸르고도 거칠었다. 땅은 건조했고, 공기는 뜨거웠다. 그러나 그 땅 위에 서 있던 논산한빛교회는 용광로 속 쇳물처럼 뜨겁게 끓어올랐다.

기도는 메마른 땅에 내리는 새벽이슬 같았다. 갈라진 마음을 적셨고, 시든 영혼에 생기를 불어넣었다. 그날의 10시간은 시간의 길이보다 하나님과의 거리를 좁히는 시간이었다. 기도 시간은 우리를 바꾸었다. 하나님께 드린 그 시간이 우리를 하나님께 더 가까이 데려갔고, 성령님께서 부어 주신 은혜는 개인의 감격에 머물지 않고 예배당 가득히 번져 모든 성도에게 전해졌다.

우리는 그날, 기도가 교회를 살린다는 사실을, 그리고 교회가 민족을 살릴 수 있다는 오래된 진리를 다시 깨달았다. 논산한빛교회에서 타오른 그 불길이 다시 한국 교회로 번져가기를 우리는 간절히, 그리고 끝까지 믿고 있다.

아버지가 달려온 길로 하나님이 오셨다

그날의 기억은 아직도 생생하다. 기억이라기보다는 내 삶의 중심에 박힌 한 장면이라고 해야 옳을 것이다. 아버지가 논밭을 가로질러 그 누구보다 빠르게 달려가던 그 모습. 그건 단순한 반응이 아니었다. 그건 절박함이 본능을 넘어, 사랑이 본능을 이긴 순간이었다. 그 장면이 지금 내가 기도할 때마다 떠오른다. 왜 나는 때로 목이 메도록, 가슴이 무너지도록 기도하는가. 그 이유는 바로, 그날의 아버지 때문이다.

어린 시절, 가족과 함께 논에서 농사일을 돕고 있었다. 아버지와 형은 쇠스랑을 들고 땅을 고르고 있었다. 그러던 중, 우물가 쪽에서 날카로운 비명이 들렸다. "아버지!" 여동생의 절규였다. 짧은 외마디. 하지만 그 안에 모든 상황이 담겨 있었다. 아버지는 망설이지 않았다. 손에 들고 있던 쇠스랑을 던져버리더니 논밭을 가로질러 전력으로 달려갔다. 평소라면 돌아가던 길. 하지만 그날 아버지는 길을 따지지 않았다. 질문도, 판단도 없었다. 직선이었다. 기도처럼 곧았다.

도착했을 때 남동생은 우물에 빠져 있었다. 작은 몸이 물속에서 허우적거리고 있었다. 아버지는 망설임 없이 아이를 건져 올렸다. 그날의 아버지 모습은 몸으로 드리는 기도, 말이 없는 절규, 심장이 드리는 기도문과도 같았다. 아버지는 '빠졌다'는 말도 듣지 않았다. 그저 딸의 한마디 외침, 그 속에 담긴 절규와 공포 하나로 이미 전부 알아차렸고, 전부 던질 준비가 되어 있었다.

그 순간, 나는 깨달았다. 기도란 바로 이런 것이다. 기도는 입술 위에 얹는 말들의 나열이 아니다. 기도는 마음 깊은 곳에서 끓어오르는 절박함, 이 세상을 향해 외마디처럼 쏟아내는 영혼의 반응이다.

그날 아버지는 "아버지!"라는 여동생의 외침 하나로 모든 것을 알아차리셨다. 그 한마디에 설명은 필요 없었다. 그 외침 하나에 상황 전체가 담겨 있었고, 사랑은 길을 따지지 않았다. 그리고 나는 알게 되었다. 하나님도 그러하시다는 것을. 우리의 부르짖음 속에서 하나님은 이미 우리의 눈물과 우리의 형편과 우리의 고통을 모두 알고 계셨다.

그 깨달음을 안고 세월이 흐른 후, 나는 다시 기도의 자리에 섰다. 2014년 8월 15일, 광복절의 하늘 아래 400여 명의 목회자와 성도들이 한자리에 모였다. 그날 우리는 나라와 민족, 그리고 교회의 회복을 위해 한마음으로 엎드렸다. 기도는 단순한 의식이 아니었다. 그건 그리움이었다. 그건 갈망이었다. "주여!" 그 외침 하나가 그 공간을 가득 채웠다. 공기가 숨을 쉬듯 뜨거웠고, 우리의 마음은 말이 아니라 절규로 드려졌다.

10시간 동안 이어진 기도회. 그 시간 동안 우리는 하나님을 흔들었다. 그리고 우리의 영혼도 함께 흔들렸다. 그날의 열망은 그대로 머물지 않았다. 2015년 5월 25일, '내 생애 가장 소중한 10시간 기도회'라는 이름 아래 500여 명의 목회자와 성도들이 다시 모였다. 우리는 기도했다. 이 민족의 회복이 이 부르짖음의 자리에서 시작되기를. 우리는 기도했다. 한국 교회가 다시 살아나 성령의 불씨로 전국을 비추기를. 그날 우리는 기도가 단지 우리의 간구가 아니라 하나님의 계획을 이 땅에 풀어내는 통로라는 것을, 다시 한 번 가슴 깊이 체험했다.

기도는 여전히 내 삶의 중심이다. 그것은 말로 다 설명할 수 없는 절박함이자 마음을 뛰어넘는 온몸으로 드리는 외침이다. 기도는 나직한 말이 아니었다. 기도는 내 심장이 드리는 절규였고, 내 영혼이 터뜨리는 한숨이었다.

어린 시절, 그날의 아버지가 사랑으로 모든 것을 던지고 곧장 달려갔던 것처럼, 하나님도 우리의 부르짖음 앞에서 그 어떤 길도 돌아가지 않으신다. 하나님은 우리의 “아버지!”라는 외침 하나에 이미 모든 것을 알고 계신다. 말을 다 끝내기도 전에 그분은 반응하시고, 우리를 품으신다.

기도는 그래서 응답을 얻기 위한 수단이 아니라 하나님을 만나는 자리다. 그 자리에서 우리는 기다림이 끝나는 순간을 만난다. 하나님의 마음이 움직이고, 우리의 마음이 그분 안에서 고요히 멈춰 선다.

오늘도 나는 믿는다. 기도는 여전히 우리 영혼 깊은 곳에서 우러나오는 절박한 사랑의 언어임을. 그리고 하나님은 그 외침에 오늘도 귀 기울이고 계신다는 것을. 그것이 기도의 시작이자 끝이다.

쉬/어/가/기

어릴 적, 우리 집 돼지우리가 있었던 그 땅을 나는 잊지 못한다. 냄새가 진동하던 그곳, 작은 언덕을 따라 펼쳐진 산비탈 밭. 그 밭은 자갈투성이였고, 씨를 뿌려도 싹이 제대로 나지 않았으며, 싹이 나더라도 자라지 않았다.

그 척박한 땅 한가운데 감나무 한 그루가 있었다. 해마다 의무처럼 열매를 맺기는 했지만 겨우겨우 달린 작은 감들이었다. 빛깔도 옅고, 맛도 맹맹했다. 나는 가끔 그런 생각을 하곤 했다. '왜 이 나무는 우리 마당의 다른 나무들처럼 무성하지 못할까?'

그러던 어느 날, 아버지가 밭을 새로 갈아엎으시며 결심 하나를 내리셨다. "이 나무, 저쪽으로 옮기자. 돼지우리 근처로. 퇴비가 쌓인 그 땅으로." 그 말은 이 나무를 살려보겠다는 다짐이었다. 영양분이 고갈된 땅이 아니라 뿌리 깊이 생명이 스며드는 땅에 다시 심자는 것이었다.

우리는 감나무를 뽑아 돼지우리 옆으로 옮겼다. 그때는 그 일이 무슨 의미인지 몰랐다. 하지만 몇 해가 지나자 그 감나무는 말할 수 없이 풍성한 열매를 맺기 시작했다. 붉고 탐스러운 감들이 햇볕 아래에서 주렁주렁 달려 있었다.

그때 나는 처음으로 '옮겨 심는 것'의 의미를 깨달았다. 감나무를 보며 나는 교회를 떠올렸다. '그래, 척박한 땅에선 자라날 수 없어. 교회도 그렇구나. 교회가 성도에게 풍성한 영적 양식을 주지 않으면 신앙이 자랄 수 없는 법이지.'

교회는 옮겨 심은 땅처럼 생명의 양분이 흐르는 비옥한 터전이어야 한다. 교회는 성도들이 뿌리내리고, 영적으로 자라며, 열매를 맺는 땅이어야 한다. 한 사람 한 사람의 마음밭을 살아 있게 하는 곳, 그게 교회다.

그 이후로 나는 나무를 심는 일에 빠져들었다. 봄이 오면 길가에 핀 개나리 가지를 꺾어다 심었고, 미루나무 가지도 꽂아보았다. 동생이 태어났을 땐 기념 삼아 오동나무를 마당에 심기도 했다. 그 나무들이 자라나는 걸 보며 나는 자연스럽게 삶과 믿음, 그리고 교회의 본질을 다시 생각하게 되었다.

교회는 자라지 못하는 영혼을 살려내는 곳이어야 한다. 척박한 마음을 옮겨 심어 살아나는 생명을 경험하게 하고, 그 마음에서 드디어 영적인 열매가 맺히게 하는 곳. 이제 나는 믿는다. 교회는 돼지우리 옆, 그 감나무가 다시 살아난 땅과 같아야 한다. 교회는 성도 한 사람 한 사람을 살아 있게 하는 생명의 터전인 것이다.

수요예배 안수기도

기도의 나무가 자라는 시간

어느 주일, 낮 예배가 막 끝난 즈음이었다. 예배당 안에는 아직 예배의 여운이 감돌았고, 교회 밖에는 아이들의 웃음소리가 퍼지고 있었다. 어른들의 예배가 이어지는 동안 아이들은 익숙하게 교회 마당을 누비곤 했기에 그날도 특별할 건 없다고 생각했다.

그런데 그 평범한 순간을 뒤흔드는 일이 일어났다. 한 아이가 내게 다가오더니 맑은 눈으로 조심스럽게 말했다. "목사님, 안수기도 해주세요." 나는 순간 멈칫했다. 아이에게서 그런 요청이 나올 줄은 몰랐다. 그러나 그 눈빛 앞에서 망설임은 길지 않았다. 나는 조용히 손을 얹고 그 아이의 머리 위에 축복의 기도를 올렸다. 짧은 순간이었지만 하나님은 그 작은 영혼 위에 조용히 임재하셨다.

그리고 놀라운 일은 그 뒤부터 시작되었다. 다음 주에는 두 명이 찾아왔고, 그렇게 기도를 받으려는 아이들이 하나둘씩 늘어났다. 나는 그때부터 이 아이들을 통해 하나님의 사랑을 전하고 복을 흘려보내야겠다는 더 깊은 책임감을 느끼기 시작했다. '수요일마다 아이들에게 안수기도를 해주자' 결심했다.

부모와 함께 교회로 나오는 아이들이 점점 많아졌다. 그 시간은 단순했다. 손을 얹고 짧은 축복 기도를 올리는 것. 하지만 그 기도는 아이들의 마음뿐만 아니라 그들을 데려온 부모의 마음까지도 움직이기 시작했다.

수요일 저녁, 예배당은 점점 달라지기 시작했다. 이전에는 주로 어르신들의 자리가 많았던 공간에 서서히 30대, 40대 초반의 젊은 부모들이 앉기 시작했다. 아이들이 기도받기 위해 교회에 오면서 부모들도 자연스레 함께 예배 자리에 앉게 된 것이다.

처음엔 나도 몰랐다. 이 일이 무엇을 바꿀 수 있을지, 이 작은 안수기도 하나가 어떤 씨앗이 될지. 하지만 지금 돌아보면, 작은 자를 통해 일하시는 하나님의 섭리가 교회를 젊게 만들었고, 새 생명으로 가득 채웠으며, 다음 세대 사역의 뿌리가 되었다. 교회는 그렇게 아이의 외침에서 시작된 기도로 조용히 변화되기 시작했다.

그날도 어김없이 강대상 아래에 아이들이 길게 줄을 서 있었다. 나는 아이들 한 명 한 명에게 손을 얹고 기도로 축복을 전하고 있었다. 기도는 늘 그렇듯 단순하지만 그 속에 하나님의 마음이 담겨 있다.

그날도 그렇게 기도가 이어지고 있었다. 그런데 문득 뒤를 돌아보는 순간, 작고 맑은 눈망울이 내 시야에 들어왔다. 도훈이였다. 그 아이는 늘 그렇듯 줄의 맨 마지막에 서 있었다. 평소처럼 먼저 오지 않고 가만히 기다리는 모습이 어딘가 안쓰러웠다. 그러나 나는 계속해서 눈앞의 아이들에게 기도를 이어갔다. 그 순간, 작은 기적이 펼쳐졌다. 도훈이는 조용히 무릎을 꿇더니, 자기 머리 위에 자기 손을 얹었다. 그리고는 눈을 감고 작은 목소리로 말했다. "아멘."

그 모습에 웃음이 피어오르면서도 마음 한편이 뭉클해졌다. 그 순간, 단지 안수기도만 해주는 것이 전부가 아니라는 걸 다시금 깨달았다. 예배의 자리에 함께 앉게 하고, 말씀의 뿌리를 내려주어야 한다. 기도는 결국 삶으로 이어지는 일이니까.

그날 이후 도훈이만이 아니라 많은 아이들이 자연스럽게 예배에 앉기 시작했다. 수요일, 금요일, 기도회가 열리는 날이면 초등학생부터 대학생까지 줄지어 앉아 기도 순서를 기다리는 풍경이 펼쳐졌다. 아이들 수가 점점 늘었다. 50명, 70명, 많을 때는 100명 가까이. 예배당 앞자리에 도훈이와 친구들이 나란히 앉아 찬양을 부르고, 말씀을 듣고, 정성껏 예배드리는 모습이 이어졌다. 내가 늘 꿈꾸던 풍경이었다.

어린 영유아들까지도 사역자의 손을 따라 "주여, 주여"를 외치며 작은 손을 모아 기도했다. 누군가는 고개를 갸웃하며 말했다. "이렇게 어린 아이들이 어떻게 이렇게 진지하게 기도를 할 수 있나요?" 하지만 나는 안다. 기도는 나이로 배우는 것이 아니라 마음으로 자라는 것이라는 걸. 시간이 흐르며 아이들은 기도의 모양을 배우고, 예배의 태도를 익혀갔다.

매달 첫날 새벽 5시 30분, 논산한빛교회는 조용히 깨어난다. 어둠이 채 걷히지 않은 하늘 아래, 다음 세대 아이들은 하나둘 예배당에 모인다. 찬송이 새벽 공기를 가르고, 기도가 낮게 울리는 가운데 하나님 앞에 드리는 한 달의 첫 시간이 경건하게 시작된다.

예배가 끝나면 아이들은 안수기도를 받기 위해 앞다투어 강단으로 올라와 안수기도를 받는다. 안수기도를 받은 후에 아이들은 서로를 부르며 맥도날드에 모여 아침 식사를 한다. 그리고 아침 햇살이 퍼질 즈음엔 작은 책가방을 메고 학교로 향하는 발걸음이 이어진다. 그 모습 하나하나가 이 땅의 다음 세대가 하나님 앞에 세워지고 있다는 증거다. 이 작은 기도가 아이들의 삶 속에 조용히 씨앗처럼 심기고 있다는 걸 나는 알고 있다. 내게는 참으로 감격스러운 일이다.

아이들이 하나가 되어 함께 움직이고, 함께 예배드리고, 함께 자라는 모습을 볼 때면 가슴 한편이 따뜻해진다. 교회에 오면 아이들이 경쟁하듯 달려온다. "목사님, 사랑해요!" 작고 환한 얼굴들이 품에 안기며 사랑을 속삭인다. 또 어떤 아이는 꼿꼿이 서서 거수경례를 하기도 한다. "한빛!" 하며 경례를 하는 모습이 왠지 더 정겹게 느껴진다.

논산한빛교회는 이 작은 아이들에게 안식처가 되었다. 하루의 시작과 끝, 삶의 중심에 자연스레 스며든 공간이자 하나님의 사랑을 체험하는 자리. 가끔 시내를 걷다가 아이들을 만나면 그들은 저 멀리서부터 소리친다. "한빛!" 경례하는 목소리에 기쁨이 가득 실려 있다. 나는 손을 높이 들어 그 이름에 응답한다. 그 순간이 내게는 세상의 어떤 보상보다 크다. 그 이름을 부르며 함께 웃는 아이들의 얼굴 하나하나 속에 믿음과 사랑이 자라고 있다.

주일 저녁이 되면 논산한빛교회는 마치 하나의 가족처럼 따뜻한 기운으로 가득 찬다. 예배당 안에는 아이들의 웃음과 발걸음, 그리고 하나님을 향한 찬양이 어우러진다. 그들은 단지 예배에 참석하는 것이 아니라 예배를 만들어가는 사람들이다. 어린 주일학교 아이들이 작은 손으로 마이크를 잡고 찬양을 인도한다. 그 옆에서 중고등부와 청년들이 함께 노래를 이어받는다. 세대와 세대를 잇는 이 찬양의 흐름은 단지 음악이 아니다. 하나님의 나라가 세워지는 방식이다. 한 사람 한 사람이 작은 기둥처럼 서로를 지탱해 주며 서 있는 그 장면 속에서 나는 문득 확신하게 된다. 이 아이들이 바로 다음 세대의 교회라는 것을.

수요일 저녁이 되면 그 따뜻함은 더 깊어진다. 자녀들의 손을 잡고 예배당으로 들어오는 부모들. 유치부부터 청년까지, 각자의 자리에서 목소리에 귀 기울이며 함께 찬양을 부른다. 어떤 날은 아버지의 손에 이끌려 노래하는 아이가 있고, 또 어떤 날은 어머니와 눈을 마주치며 찬송을 이어가는 아이도 있다. 그 광경은 작은 천국이다. 말로 하지 않아도 마음이 전해지는 순간, 그건 단지 가족 예배가 아니라 하늘의 가족이 모인 시간이다.

그리고 금요일 밤이 되면 청년들이 예배의 흐름을 이끈다. 그들의 뜨거운 찬양이 예배당 전체를 흔들고, 그 안에서 나 역시 하나님 앞에 다시 한 번 무릎을 꿇게 된다. 그 모든 시작은 안수기도에서 비롯되었다. 작은 아이의 머리 위에 손을 얹고 기도하던 날들. 기도로 심은 씨앗들이 지금은 찬양이 되고, 예배가 되어 세대를 잇는 나무로 자라고 있다. 매주, 매달 조금씩 더 자라고, 조금씩 더 깊어지고, 조금씩 더 단단해지는 모습을 보며 나는 안다. 이 작은 씨앗이 언젠가는 그늘을 드리우는 믿음의 나무가 될 것임을. 예배 속에서 그들의 신앙이 자라고, 찬양 속에서 그들의 사랑이 깊어지는 이 순간들…. 이 모든 것이 하나님이 내게 주신 가장 큰 선물이다.

맺음말

멈추지 않는 강물

내 삶은 한 번도 멈춰 서지 않았다. 어린 시절의 꿈이 멈춰 선 그 자리에서도, 광야 같은 시간을 지나며 길이 보이지 않을 때에도 하나님은 내 곁에서 강물처럼 흐르셨다. 그 강물은 내 눈물이었고, 나를 일으키던 하나님의 손길이었다. 그 흐름은 곧 사역의 길로 이어졌고, 이제는 나를 넘어 다음 세대와 아프리카의 들판, 그리고 요양원의 조용한 방 한구석까지 닿아 있다.

논산에서 시작된 이 사역은 이제 더 크고 깊은 비전의 물줄기를 품고 있다. 내 남은 삶의 가장 중요한 사명은 다음 세대를 일으키는 일이다. 내가 받은 은혜를 그들의 삶에 심고, 그들이 다시 세상을 밝히는 복음의 등불이 되도록 하는 것이다. 나는 기도한다. 논산이 예수 그리스도의 푸르른 계절이 오는 영적 성지가 되기를. 그 불씨가 전국으로, 그리고 세계로 퍼져나가기를. 논산뿐만 아니라 대한민국의 시, 군, 구마다, 그리고 열방의 땅 끝까지 복음의 씨앗이 심어지고, 기도의 강물이 흘러가기를.

아프리카는 또 하나의 부르심의 땅이었다. 하나님은 그곳에서 또 다른 꿈의 씨앗을 심어 주셨다. 3천 개의 교회를 세워 아프리카 성도들이 함께 예배드릴 수 있는 교회를 건축하는 것이다. 그리고 마사이족 아이들을 위한 초등학교를 세우는 것이다. 누군가에게는 무모한 도전처럼 들릴지 모른다. 하지만 나는 안다. 하나님이 시작하신 일이라면 반드시 이루어진다는 것. 이 사역은 단지 건축이 아니다. 다음 세대를 세우는 기초이며, 그 땅의 미래를 믿음으로 세우는 일이다. 그리고 나는 또 다른 꿈을 품는다. 아프리카에 20대 선교사 100명을 보내는 것. 그들은 복음의 전달자일 뿐 아니라 기도의 계승자이며, 이 시대에 하나님이 찾으시는 다윗의 세대가 될 것이다.

아름다운 노후를 책임지는 요양원 사역도 내 마음속 깊은 곳에서 여전히 타오르고 있다. 누군가의 인생 마지막 페이지에 하나님의 손길이 스며들기를 원한다. 요양원은 단지 돌봄의 장소가 되어선 안 된다. 그곳은 복음이 따뜻하게 속삭이는 곳, 외로움 대신 은혜가 머무는 곳, 소망이 노래처럼 흘러나오는 곳이 되어야 한다. 생애의 끝자락에서도 "나는 하나님의 사랑을 받으며 살았다"는 고백이 입술에서 흘러나올 수 있도록 나는 오늘도 기도한다.

이제 사역의 흐름은 나를 넘어 다음 세대로 이어져야 한다. 논산한빛교회가 걸어온 37년의 세월은 결코 내 힘으로 이룬 길이 아니었다. 그 여정은 하나님의 은혜로만 이루어진 순례의 발걸음이었고, 내가 이끌었다기보다 하나님께서 끌어 주신 길이었다. 나는 안다. 이 길이 끝이 아니라는 것을. 지금까지 내가 심어온 씨앗들이 논산을 넘어 다음 세대의 심령 속에 뿌리를 내리고, 열방의 땅끝에서 꽃피울 것을 나는 믿는다.

이 강물은 멈추지 않는다. 내가 떠난 뒤에도 하나님께서 친히 흐르게 하실 것이다. 복음의 물줄기, 은혜의 흐름, 다음 세대의 찬송…. 그 모든 것이 끊어지지 않고 계속 흐르기를, 나는 기도하며 이 글을 마친다. 삶의 마지막 순간까지 이 흐름 속에, 하나님의 손이 밀어 주시는 그 조용한 물결 속에 머물고 싶다. 그리고 나는 다시 고백한다. '하나님, 모든 것이 당신의 은혜였습니다. 앞으로도 이 길 위에 함께해 주옵소서.'

불타는 교회 이야기

1판 1쇄 인쇄 _ 2026년 1월 10일
1판 1쇄 발행 _ 2026년 1월 20일

지은이 _ 강신정
펴낸이 _ 이형규
펴낸곳 _ 쿰란출판사

주소 _ 서울특별시 종로구 이화장길 6
편집부 _ 745-1007, 745-1301~2, 747-1212, 743-1300
영업부 _ 747-1004, FAX 745-8490
본사평생전화번호 _ 0502-756-1004
홈페이지 _ http://www.qumran.co.kr
E-mail _ qrbooks@daum.net / qrbooks@gmail.com
한글인터넷주소 _ 쿰란, 쿰란출판사
페이스북 _ www.facebook.com/qumranpeople
인스타그램 _ www.instagram.com/qrbooks
등록 _ 제1-670호(1988.2.27)
책임교열 _ 박은아 · 김준표

 ISBN 979-11-24013-51-9 03230

아프리카선교회 후원계좌
농협 351-1075-6039-13(아프리카선교회)